図解！

製造業の管理会計「最重要KPI」がわかる本

会社を本当に良くして事業復活するための徹底解説

吉川武文 著

日刊工業新聞社

全てのCFOとコントローラーの皆さんへ

Q. 会社の **利益や付加価値** が正しく見えていますか？

Q. 会社の **損益分岐点** が正しく見えていますか？

Q. 会社の **在庫回転数** が正しく見えていますか？

Q. 会社の **ヒトの生産性** が正しく見えていますか？

Q. 会社の **自己資本率** が正しく見えていますか？

Q. 会社の **ROA** が正しく見えていますか？

Q. 会社の **WACCを超えるIRR** を目指していますか？

Q. 会社の **経営課題や対策** がしっかり見えていますか？

Q. 今のKPIで業績回復できますか？

たとえば、P/L からどんな KPI を読み取るか？

売上高	388,463
売上原価	229,256
売上総利益	159,206
販売費および一般管理費	133,313
営業利益	25,893
営業外収益	
受取利息	443
受取配当金	1,631
為替差益	999
持ち分法による投資利益	73
受取賠償金	45
雑収入	963
営業外収益合計	4,157
営業外費用	
支払利息	2,101
雑損失	2,269
営業外費用合計	4,371
経常利益	25,679
特別利益	
固定資産売却益	108
投資有価証券売却益	16
特別利益合計	125
特別損失	
固定資産売却損	77
固定資産除却損	284
減損損失	283
投資有価証券評価損	7
事業構造改善費用	3,401
特別損失合計	4,053
税金等調整前当期純利益	21,750

このP/Lをグラフにすると…

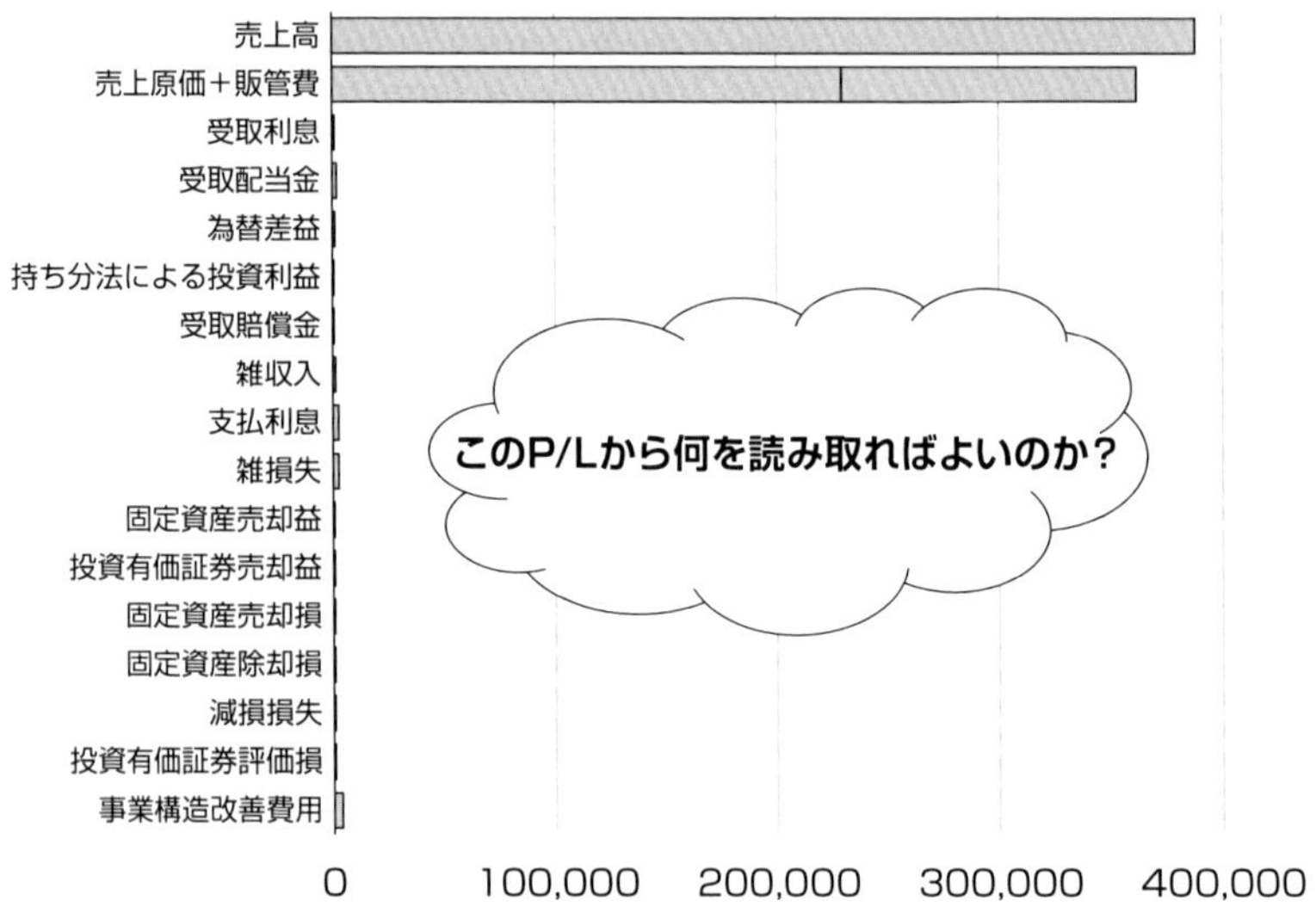

外部に開示するためのKPI

- ✔売上高 OK
- ✔売上原価（率）OK
- ✔販管費（率）OK
- ✔売上総利益（率）OK
- ✔営業利益（率）OK
- ✔経常利益（率）OK
- ✔当期純利益（率）OK

経営判断のためのKPI

- ✔売上原価や販管費の内訳 ？？
- ✔原価差異の発生状況 ？？
- ✔付加価値と付加価値率 ？？
- ✔ホワイトカラーの生産性 ？？
- ✔変動費と固定費 ？？
- ✔損益分岐点と安全余裕率 ？？
- ✔WACCの達成／未達成 ？？

これで生き残れるか？

やるべきことは、たくさんある！

新型ウィルスの脅威、異常な気象、緊迫する国際情勢、停滞する経済…史上最悪とも言われる厳しい時代を生き抜くため、日々懸命に戦っていない会社はありません。その戦いを成功に導くのがＫＰＩです。

ＫＰＩとはKey Performance indicatorの略で「重要業績評価指標」と訳されます。それは事業の現状を率直に表す指標であると共に、時代を生き抜く活動のゴール（目標）を示すものでもあります。例えば、

- ✔利益率や付加価値
- ✔損益分岐点や安全余裕率
- ✔生産性
- ✔在庫回転数や固定資産回転数
- ✔ＲＯＡやＷＡＣＣやＩＲＲ
- ✔流動比率や自己資本比率
- ✔キャッシュフローなどなど

どれも常識的なものばかりのはずですが…これらの指標（ＫＰＩ）に

深刻な問題が生じている

ことは、実はあまり認識されていなかったのではないでしょうか。でもどんなに立派な目標（ＫＰＩ）を掲げても、それが間違っていたら会社は業績回復できません。一人一人の努力も正しく評価されません。失敗への反省はなく、

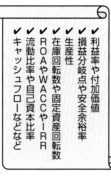

同じ過ちが繰り返されて、日本も会社も元気になりません。

実際、日本のGDPは永らく世界第2位でしたが、2010年に中国に抜かれ、差は広がる一方です。生産性に至っては先進国最下位で、すでに先進国グループから脱落しています。そこにコロナ危機や激しい気象災害が追い打ちをかけ、現場はリストラの海と化しました。日本人は世界でも稀にみる勤勉な国民であるにもかかわらず、こんな負け犬になってしまったのは

努力の目標（KPI）が間違っていた

からです。業績を回復するため、そして正しい企業努力が正しく評価され真に活力ある事業にヒト・モノ・カネがきちんと行き渡るようにするには、正しいKPIを持たなければなりません。

そこで本書では、KPIの新しい設定方法を紹介します。全てをそのまま採用できるかどうかは会社の状況次第ですが、古いKPIが抱える問題をしっかり理解しておくことこそ

業績回復の出発点！


であるのは確かでしょう。今はどんなに手詰まり感が強くても、業績回復のためやるべきこと／やれることは本当にたくさんあるのです！　ぜひ手付かずの宝の山を見つけてください。

さあ、一緒に力強い一歩を踏み出しましょう。会社の力、私たちの力、日本の底力を信じつつ。きっとこの本が、皆さんの会社に新しい可能性と希望を届けます。

令和2年7月31日　コロナ第二波の報道を見ながら

目次

Ⅱ．損益分岐点…明日の行動を決めるKPI

Ⅲ．原価差異…コストダウンの成否を握るKPI

Ⅳ．生産性…会社の基礎体力を測るKPI

V．在庫回転数…経営にムダがないことを示すKPI

Ⅵ．固定資産回転数とROA…資産管理の要となるKPI

Ⅶ．内部収益率IRR…設備投資の意思決定をするためのKPI

Ⅷ．流動比率と自己資本比率…財務安全性を示すKPI

Ⅸ．付加価値会計…新しいKPIを支える会計

Ⅹ．キャッシュフロー…ウソを付けないと言われるKPI

誤ったKPI
誤った行動

業績の落下にSTOP！

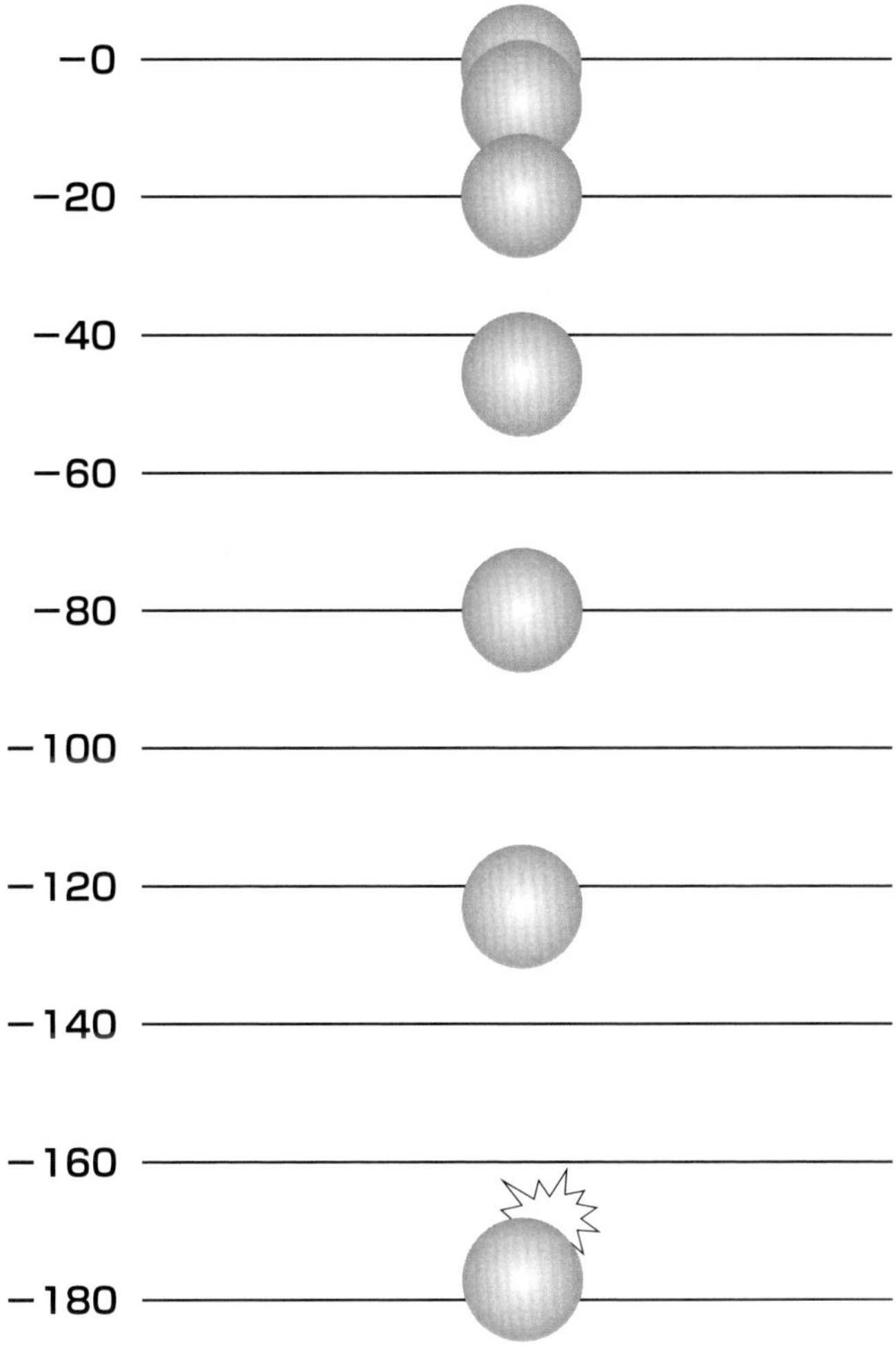

I

利益率と付加価値

―全ての経営の出発点となる最重要 KPI―

第1話

どんなKPI?／今改めて、利益率って何ですか??

利益率は、全ての経営の出発点となるはずだった最重要KPIです

◆今さら言うまでもないことですが…利益率は、事業の業績の良否を測るために使われる最も基本的なKPIです。利益率は、損益計算書上の売上高と利益から計算されます。その基本的な計算式は「利益÷売上高」ですが、売上総利益、営業利益、経常利益、当期純利益などに応じて様々なバリエーションがあります。

✔ 売上総利益率（⇩粗利率とも呼ばれる）
✔ 営業利益率
✔ 経常利益率
✔ 売上高当期純利益率 etc.

◆一般に利益率は過去と現在、自社と他社などで比較され、数値が高いほど「業績が良かった」と判断されます。多くの会社で事業活動の目標とされ、業績評価が利益率で行われることもあります。ところがこの

利益率には、極めて重大な落とし穴がありました

新しいアドバイス

利益率は最重要KPIですが、業績回復を妨げる問題を抱えています

損益計算書（P/L）に見る利益

売上高	200
－売上原価	100
＝売上総利益	100 ★
－販売費および一般管理費	60
＝営業利益	40 ★
－営業外費用	20
＝経常利益	20 ★

様々な利益率の計算

名称	計算式	計算例
売上総利益率	売上総利益÷売上高	100÷200＝50％
営業利益率	営業利益÷売上高	40÷200＝20％
経常利益率	経常利益÷売上高	20÷200＝10％

第2話

どんなＫＰＩ？／付加価値と付加価値率

付加価値の国内合計がＧＤＰだということを思い出しましょう

◆利益や利益率と似たＫＰＩに付加価値や付加価値率があります。付加価値とは事業が生み出した新たな価値です。流通業を想定するなら、仮に１００円で仕入れた商品を１２０円で販売することができたら、会社は２０円の付加価値を生み出したことになります。生み出された付加価値は、従業員や設備投資や銀行や株主に分配されます。日本国内で生み出された付加価値を全て合計したものが日本のＧＤＰ（Gross Domestic Product／国内総生産）です。日本のＧＤＰは永らく世界第二位でしたが２０１０年に中国に抜かれ、

その差がどんどん広がってしまいました

◆利益÷売上高で計算される利益率と同様に、付加価値についても付加価値率を計算できます。基本式は「付加価値÷売上高」です。売上高は伸びていても付加価値や付加価値率が下がっていたら、

ビジネスは危険な状態にあると考えるべきでしょう

当然、付加価値を目標にしなければ日本のＧＤＰは伸びません。会社の業績も回復しません。しかし、この大切な付加価値は、今までしっかりと管理されていませんでした。

新しいアドバイス　会社が付加価値を目標にしなければ、日本の GDP は回復しません

流通業の付加価値

日本のGDPだけが停滞している！

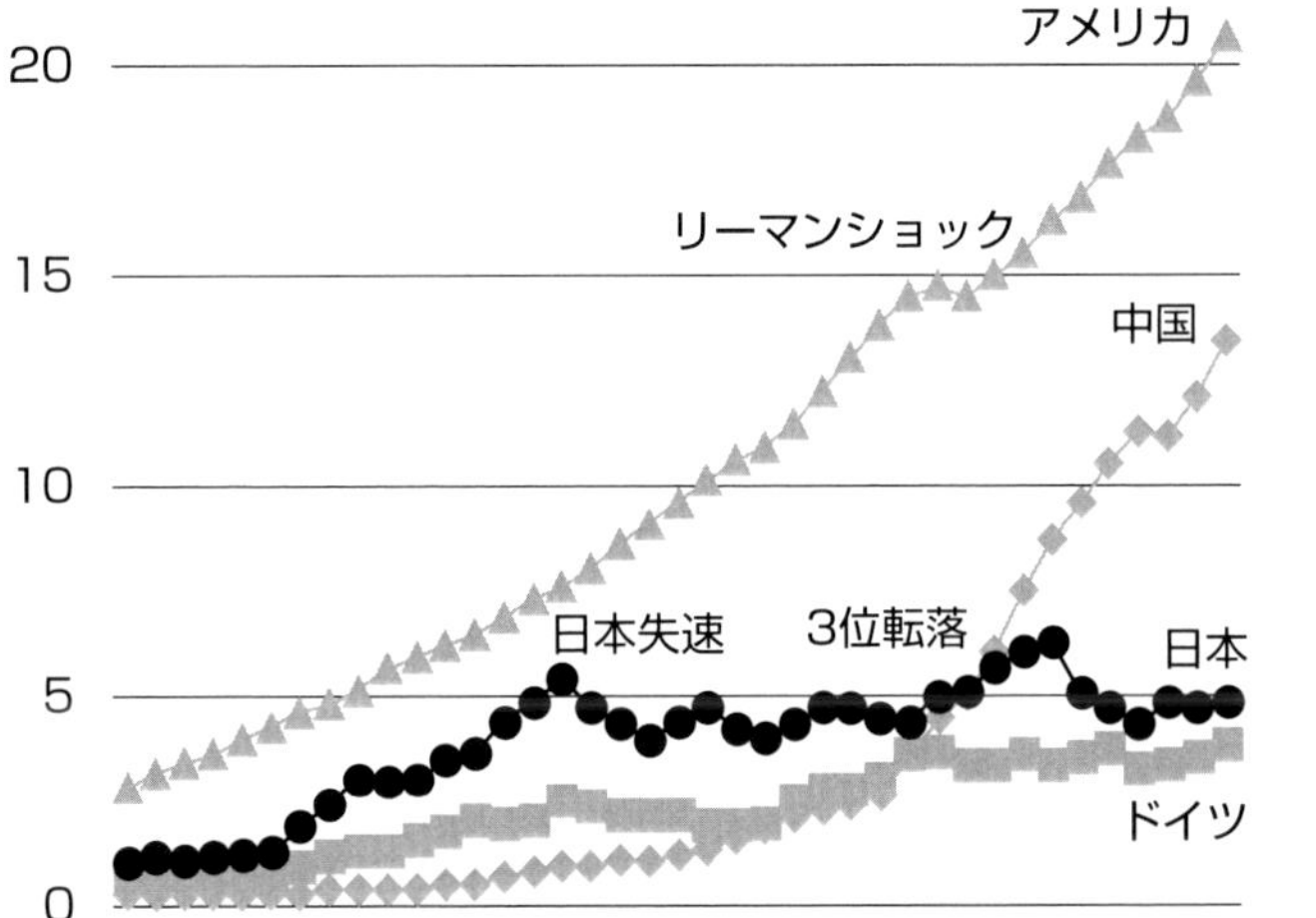

第3話

どんなKPI？／付加価値と利益の違い、わかりますか？

両者の根本的な違いは、案外と実感されていないようです

◆「利益を出せ！」「付加価値を稼げ！」

日頃、「利益」と「付加価値」は似たような場面で使われます。しかし

実は、両者はまったく違う

ので十分に注意してください。即ち、付加価値とは会社が生み出した全ての価値です。生み出された価値は、ヒト（従業員）や、モノ（設備）や、カネ（銀行と株主）に分配されていきますが、このうち株主に分配された付加価値だけを「利益」と呼びます。因みに「付加価値÷○○」が生産性ですから、生産性の管理でも付加価値を知らなければなりません。

◆付加価値の国内合計がGDPですが、その計算方法には大きく見て控除法と加算法の2つがあります。**控除法**は買った値段と売った値段の差から付加価値を求める方法で、付加価値が生み出される過程に着目します（かせぐ）。これに対して**加算法**は付加価値がヒト・モノ・カネにどのように分配されていくかに着目した方法です（わける）。

新しいアドバイス　会社が獲得した付加価値のうち、株主取分だけを「利益」と呼びます

付加価値 vs 利益…流通業の場合

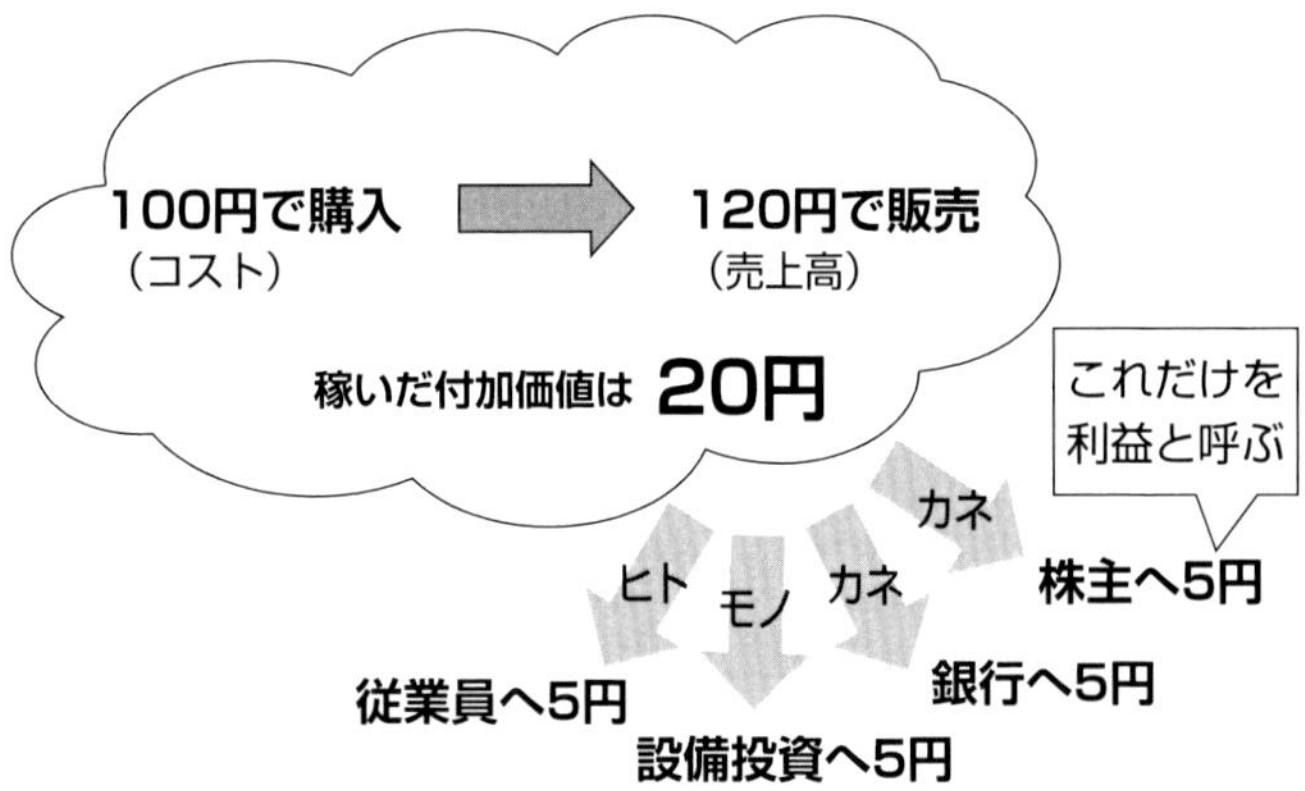

付加価値の計算例

控除法による計算

付加価値

＝売上高120円－外部購入価値100円

＝売上高120円－コスト100円

＝20円

加算法による計算

付加価値

＝労務費5円＋減価償却費5円＋支払利息5円＋利益5円

＝20円

（ヒトへ）（モノへ）（カネ／銀行へ）（カネ／株主へ）

第4話

どんなKPI？／流通業の損益計算と付加価値

流通業では、概ね「売上総利益≒付加価値」になります

◆ところで、現実の会社の付加価値や付加価値率はどうやって計算したらよいでしょうか？　様々な利益（売上総利益、営業利益、経常利益、当期純利益など）の金額は損益計算書から簡単に読み取ることができます。しかし

「付加価値」は、損益計算のどこにも出てきません

◆実は、流通業を想定した場合、付加価値は売上総利益（粗利とも呼ばれる）にかなり近い金額となります。ですから流通業の場合は概ね、「付加価値率≒売上総利益率」と考えて大丈夫でしょう。それゆえに製造業においても、売上総利益が付加価値を示すと漠然と思われている場合が多いようですが、それは誤解です。

くれぐれも注意してください

名称	計算式	計算例
売上総利益率	売上総利益÷売上高	20÷120＝17％
付加価値率	付加価値÷売上高	20÷120＝17％
営業利益率	営業利益÷売上高	10÷120＝8％
経常利益率	経常利益÷売上高	20÷200＝4％

新しいアドバイス

流通業の付加価値なら、従来の損益計算書でも読み取れました

付加価値の獲得と分配・・・流通業の場合

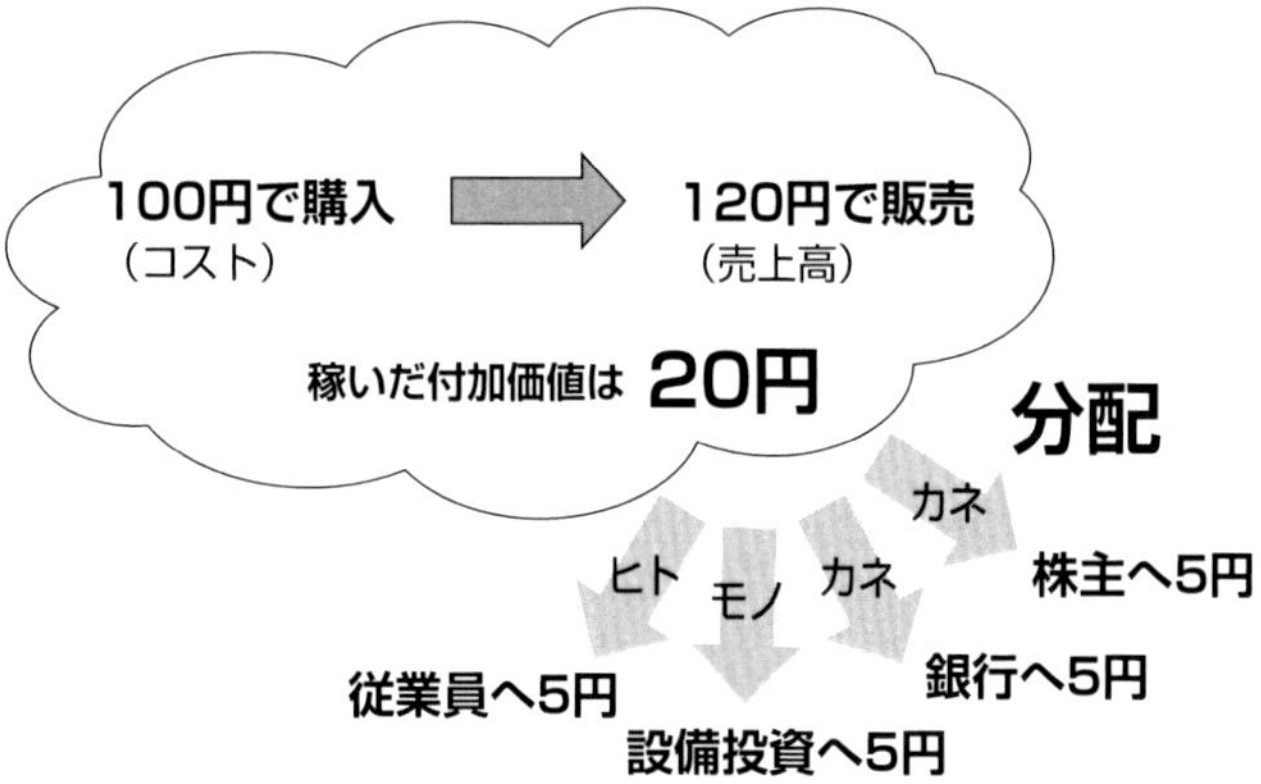

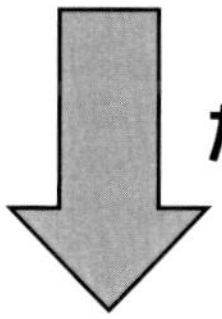

だいたい読み取れる

損益計算

売上高	120	
－売上原価	100	≒コスト
＝売上総利益	20	≒付加価値
－販売費および一般管理費	10	…従業員へ設備投資へ
＝営業利益	10	
－営業外費用	5	…銀行へ
＝経常利益	5	…株主へ

第5話

どんなKPI？／製造業の損益計算と付加価値

製造業では、「売上総利益≠付加価値」なので要注意です

◆流通業と比べると、製造業の事業活動はかなり複雑です。付加価値や付加価値率の計算はどうなるでしょうか？　流通業では買った値段と売った値段の差から付加価値が求まりましたが、製造業では「社外」に支払った様々な加工費や物流費などもコストとして控除しなければなりません。その結果として、製造業の付加価値は売上総利益と一致しないのです。製造業の付加価値を求めるには、従来の損益計算に代わる全く新しい工夫が必要です。

◆この付加価値と利益の不一致という問題は、

会社の業績管理に深刻な影響を及ぼします

なぜなら利益とは分配比率の修正で操作可能なものだからです。会社の本当の力を知るには、利益ではなく付加価値を見なければなりません。

名称	計算式	計算例
付加価値	売上高－コスト	200－(100＋10＋10)＝80
付加価値	分配額の合計 (ヒト・モノ・カネ)	20＋20＋20＋20＝80
付加価値率	付加価値÷売上高	80÷200＝40％

新しいアドバイス

製造業の付加価値は、従来の損益計算書では全く読み取れません

付加価値の獲得と分配・・・製造業の場合

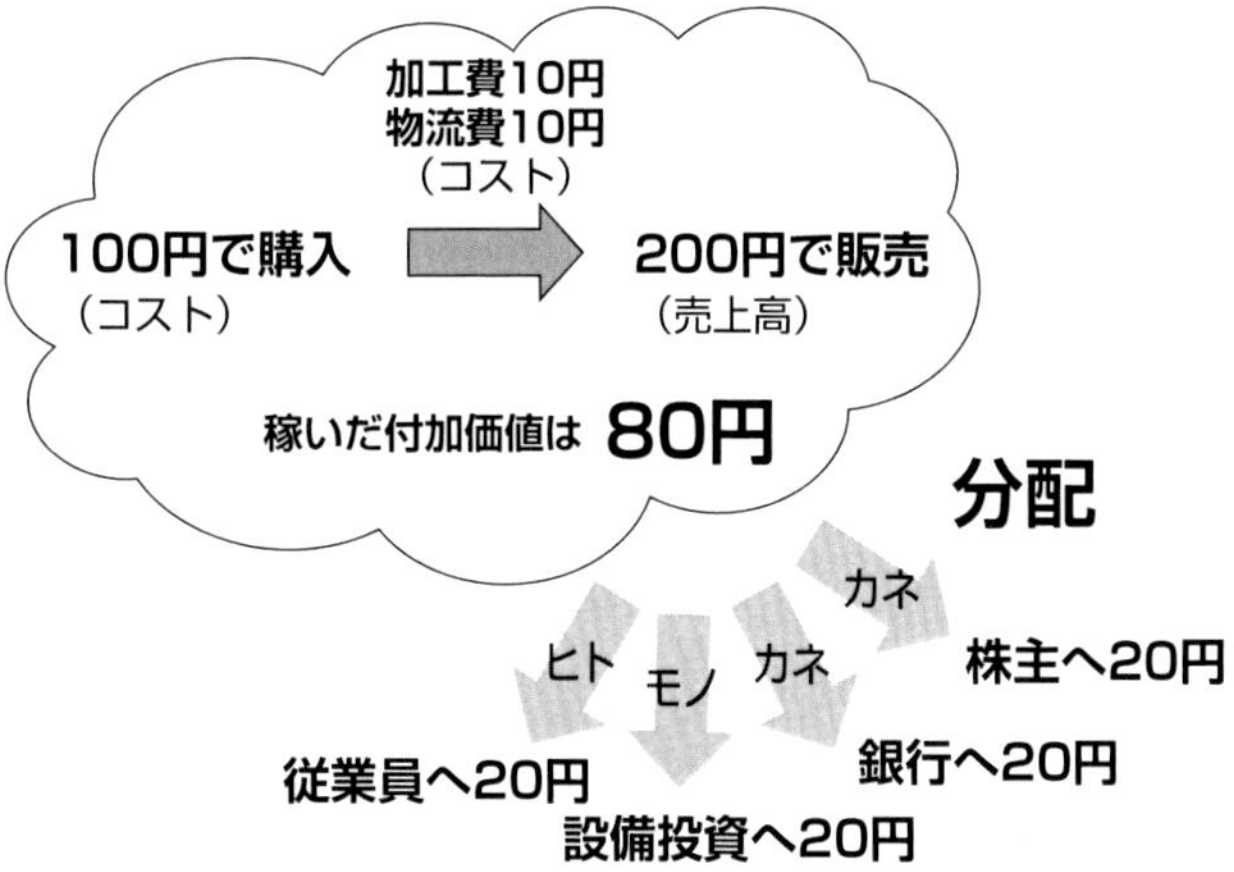

こんな感じなら
管理しやすい！

あるべき管理会計の形

売上高	200	
－全てのコスト	100＋10＋10	
＝付加価値	80	
－労務費	20	…従業員への分配
－減価償却費	20	…設備への分配
－支払利息	20	…銀行への分配
＝利益	20	…株主への分配

第6話

従来のKPIの限界／付加価値が全くわからない！

えっ、本当ですか？
長年、極めて深刻な問題が放置されてきました

◆製造業では売上総利益≒付加価値となりません。原因の1つは製造業の全部原価計算です。さらに外注物流費など生産活動以外の費用を販売費および一般管理費（販管費）側に混ぜてしまう慣行もあるため

売上原価がコストと一致せず

売上総利益（いわゆる粗利）が付加価値を示さないのです。従って製造業の付加価値を求めるには、従来の全部原価計算とは全く別の原価計算や損益計算を行わなければなりません（→Ⅸ章・付加価値会計）。

◆従来の損益計算で、付加価値やそれが創出される過程が全く表現されてこなかったという事実は驚くべきことです。それが多くの製造業におけるビジネスモデルの革新を遅らせ、日本の**GDP伸び悩みの原因にもなってきたのです**

名称	計算式	計算例
売上総利益率	売上総利益÷売上高	90÷200＝45％
付加価値率	付加価値÷売上高	80÷200＝40％
営業利益率	営業利益÷売上高	40÷200＝20％
経常利益率	経常利益÷売上高	20÷200＝10％

新しいアドバイス　**製造業の付加価値を読み取るには、全く新しい損益計算が必要です**

製造業のビジネスモデル

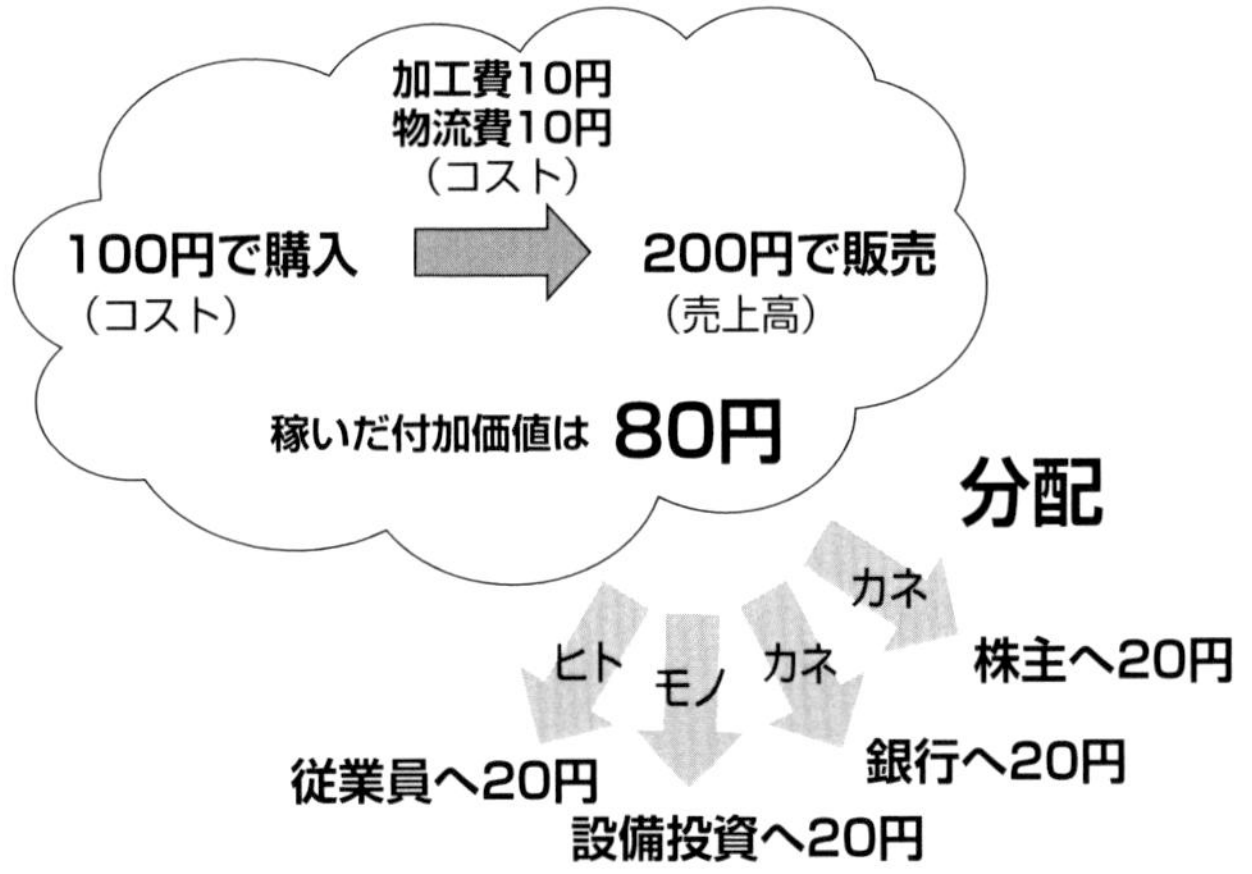

製造業の全部原価計算

売上高	200	
－売上原価	110	→ 操作された数字
＝売上総利益	90	→ 操作された数字
－販売費および一般管理費	50	→ 操作された数字
＝営業利益	40	
－営業外費用	20	…銀行へ
＝経常利益	20	…株主へ

第7話 従来のKPIの限界／従業員のしらけの原因！

利益や利益率は株主だけの目標です。だから全体の目標になりません

◆会社が稼いだ付加価値は、ヒト・モノ・カネへと分配されていきます。

✔ **ヒト（従業員）**への分配額は**「労務費」**と呼ばれます

✔ **モノ（設備）**への分配額は**「減価償却費」**と呼ばれます

✔ **カネ（銀行）**への分配額は**「支払利息」**と呼ばれます

✔ 最後に残った付加価値が**カネ（株主）**への分配額である「利益」です

付加価値と利益はしばしば混同されますが、両者は全く違うものだということに改めて注意をしてください。

◆例えば「利益と利益率を高めよう」という呼びかけが従業員のしらけの原因になるかもしれません。従業員への分配（労務費）を削って株主（利益）に回すケースもあるからです。しかし今は価値創出の時代です。従業員がやる気を失えば（！）イノベーションが止まり、事業は負のスパイラルに陥ります。結局は株主にも損をさせてしまうでしょう。

「付加価値を増やそう」という呼びかけこそが、従業員のモチベーションを高め、株主の利益にも繋がります。

新しいアドバイス **危機を共に乗り切ることで、人材やリーダーも育ちます**

好調な時の分配

20円

ヒトへ
5円　「労務費」

モノへ
5円　「減価償却費」

カネへ
5円　「支払利息」

カネへ
5円　「利益」

好調でない時の分配
（いつの間にかブラック企業に）

利益は同じでも、会社の力が全く違う！

12円

ヒトへ
1円　「労務費」

モノへ
1円　「減価償却費」

カネへ
5円　「支払利息」

カネへ
5円　「利益」

※減価償却は設備投資キャッシュフローまたは即時償却を想定しています

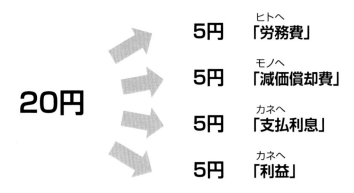

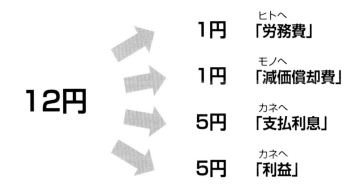

第8話

従来のKPIの限界／迫る危機が見えない！

利益率は操作可能なもの。だから事業の本当の危機を示しません

◆従来の利益率のさらに深刻な問題は、

利益は操作可能だということです

事業が付加価値を稼げなくなっても、ヒトやモノへの分配を削れば利益はしばらく維持できます。しかし、こうした一時凌ぎの対応は、人材喪失やイノベーションの停滞、必要な設備投資の先送りなど事業の根本的な競争力喪失に繋がります。その危険性は利益や利益率からは必ずしも見えてきません。その一方、付加価値額や付加価値率をしっかり見ていれば、事業がどんな危機に直面し、今どんな対策が必要なのかが早期にわかるのです。

◆付加価値を見ることのもう一つの利点は、その分配を見ることで人材育成や設備投資、資本コストの達成状況を確認できることです。付加価値の流れは、

会社の明日を映し出す鏡です

	1年前	現在	1年後	2年後	判断
利益	20円 (10%)	20円 (11%)	20円 (11%)	20円 (12%)	順調に見える
付加価値	80円 (40%)	72円 (38%)	68円 (38%)	50円 (29%)	実は危機的状況

新しいアドバイス　**利益は操作可能なので、経営課題の先送りにも繋がります**

利益や利益率は操作できる

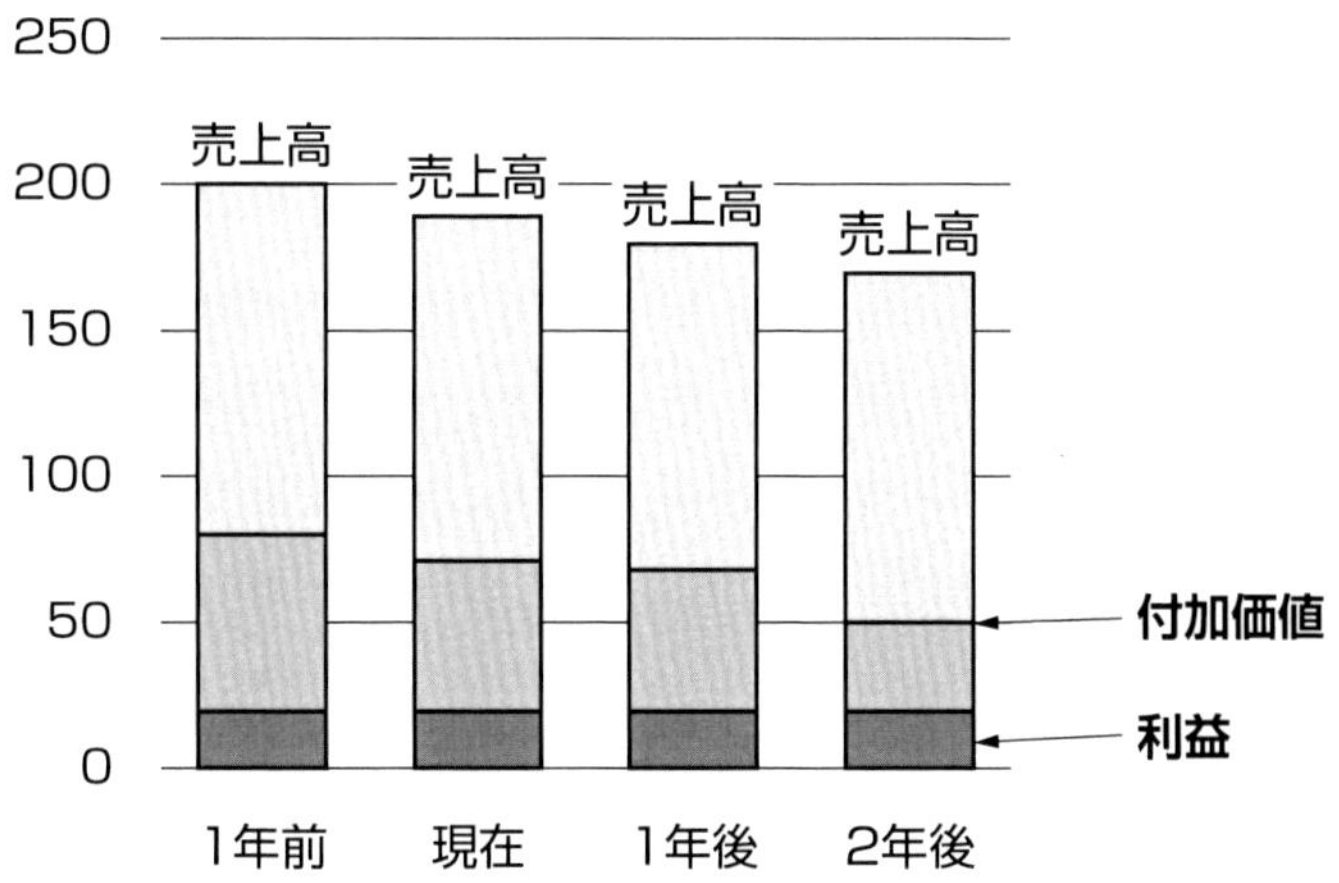

どうすれば、早く異常に気づけるか？

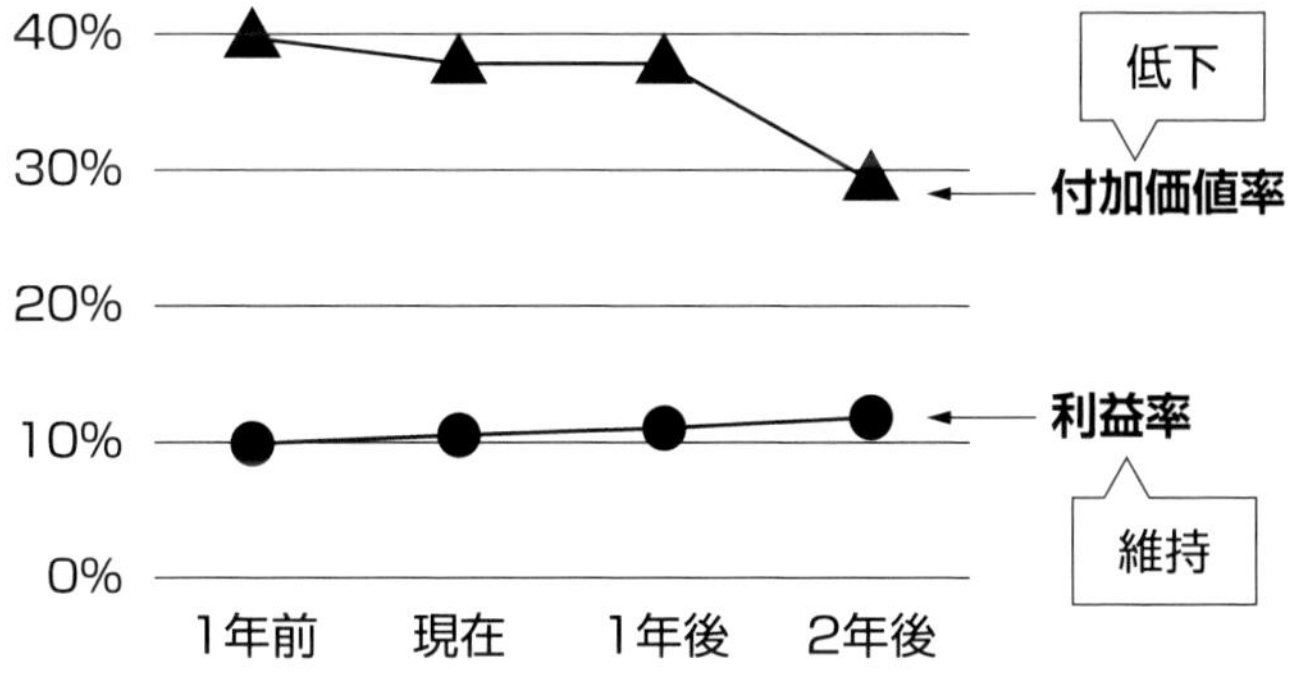

第9話 V字回復への行動／まずは付加価値を明らかにする

厳しい時こそ、捻出された利益ではなく、付加価値という現実を見るべきです

◆残念ながら、従来の製造業の損益計算書では付加価値が見えません。原因は次の通りで、危険な利益操作の原因にもなってきました。

①従来の全部原価計算では、「コスト」と「価値の分配」が**混在**

②売上原価（工場内の活動）と販売費および一般管理費（工場外の活動）が**分断されている**

③売上原価と販売費および一般管理費の区別がつかなくなってきており、費用が逃げ回る原因になっている。

◆ですから、従来の損益計算を補完する新たな損益計算が必要です。損益計算をすっかりやり直し、従来のような工場内／外という視点ではなく付加価値の獲得（かせぐ）と分配（わける）の過程を明らかにしましょう。そうすれば事業活動のどこに課題があり、業績回復のために

今、何をすべきなのかが見えてきます！

付加価値を明らかにしなければ、いかなる経営改善も始まりません。

名称	計算式	計算例
付加価値率	付加価値÷売上高	80÷200＝40％

新しいアドバイス　**見せ方はともかく、内部で課題把握しなければ業績は回復できません**

製造業の新しい損益計算

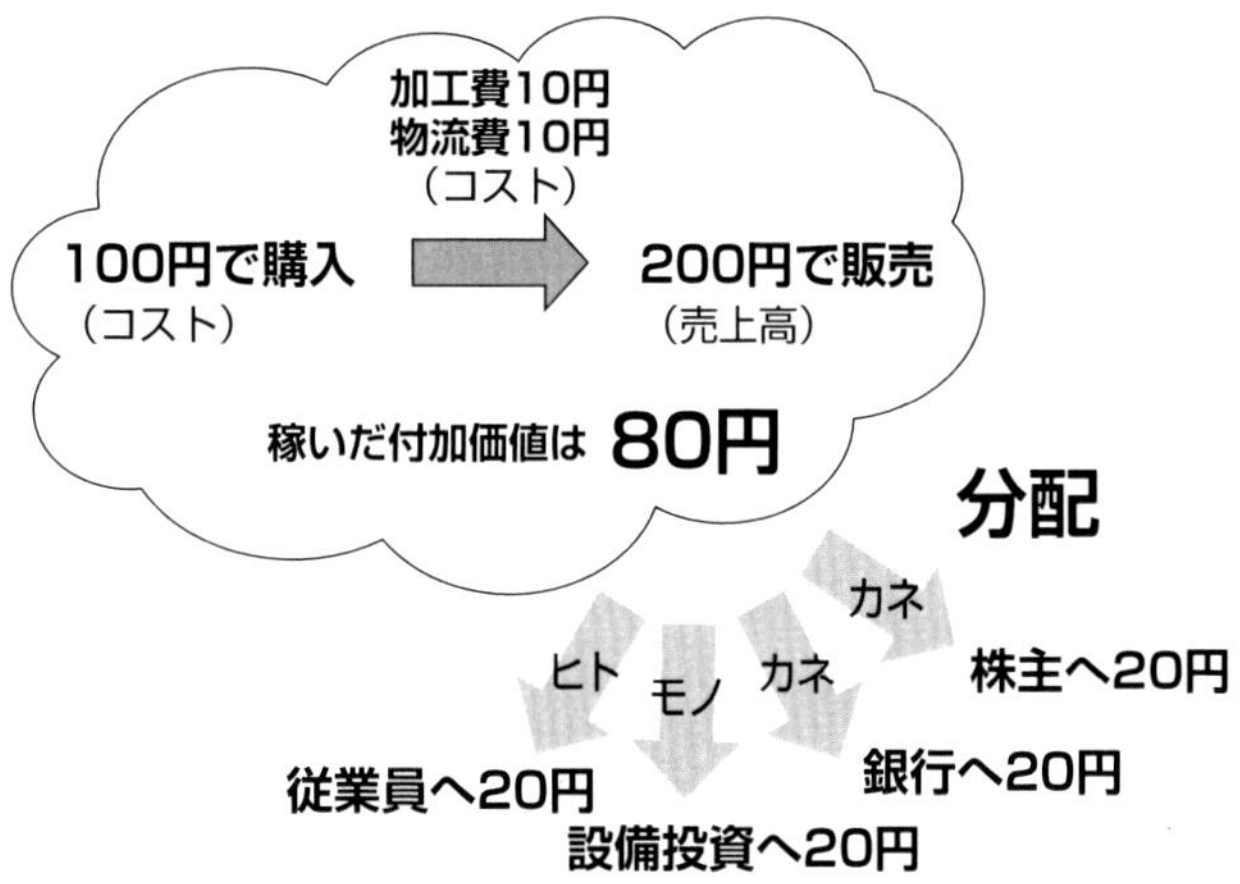

〈従来の全部原価計算〉

付加価値がわからない

売上高	200
－売上原価	100
＝売上総利益	100
－販売費および一般管理費	60
＝営業利益	40
－営業外費用	20
＝経常利益	20

この範囲は様々に**操作**される

〈新しい損益計算〉

付加価値がわかる

売上高		200
－材料費	コスト	100
－加工費	コスト	10
－物流費	コスト	10
＝付加価値		80
－労務費	ヒト	20
－減価償却費	モノ	20
－支払利息	カネ	20
＝利益	カネ	20

第10話

V字回復への行動／付加価値こそが、全員の目標

経営活動の良否とは、付加価値を獲得し分配する活動の良否だと言えます

◆長年、日本の経済は製造業によって支えられてきました。その製造業の強みだったカイゼンに「見える化」という言葉があります。事業活動のムダをはっきりと目に見える形で表現し、それらのムダを解消していこうとするものです。ところが、そんな製造業の最も肝心な付加価値が全く見える化されていませんでした。それが、近年の製造業の不振の

根本原因だったのです！

◆従来の損益計算では付加価値が生み出される過程は見えません。そこに生じている課題も見えません。結局のところ、経営はうまくいったのか？　いかなかったのか？

付加価値が生み出されていく過程を見える化し

事業の課題に手当てし、付加価値の最大化を目指して頑張らなければ、従業員はしらけ、会社は目標を見誤り、業績回復できないのは明らかです。事業の危機は回避できず、株価は低迷し、生産性も向上できません。そんな日本は、遂に先進国グループから脱落しつつあります。しかし、事業の課題をしっかり把握し本当に本気で頑張れば、私たちはもっとたくさんのことを実現できます。危機をチャンスに変えましょう。ガンバレ、日本！

新しいアドバイス　**大きな危機は、本気の会社と古い会社の運命をわけます**

付加価値が見えないと、生産性は向上しない

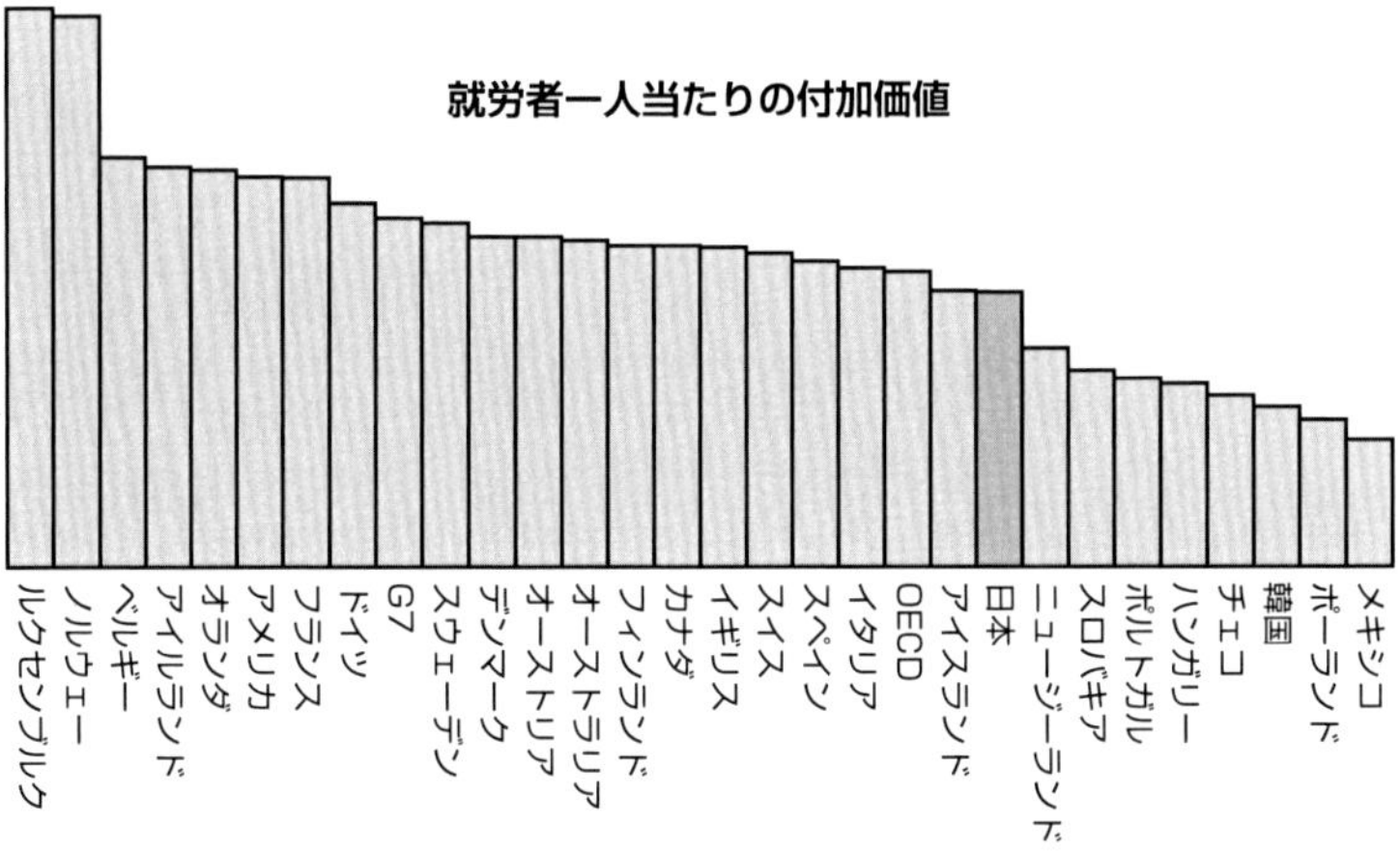

付加価値が見えないと、株価だって上がらない

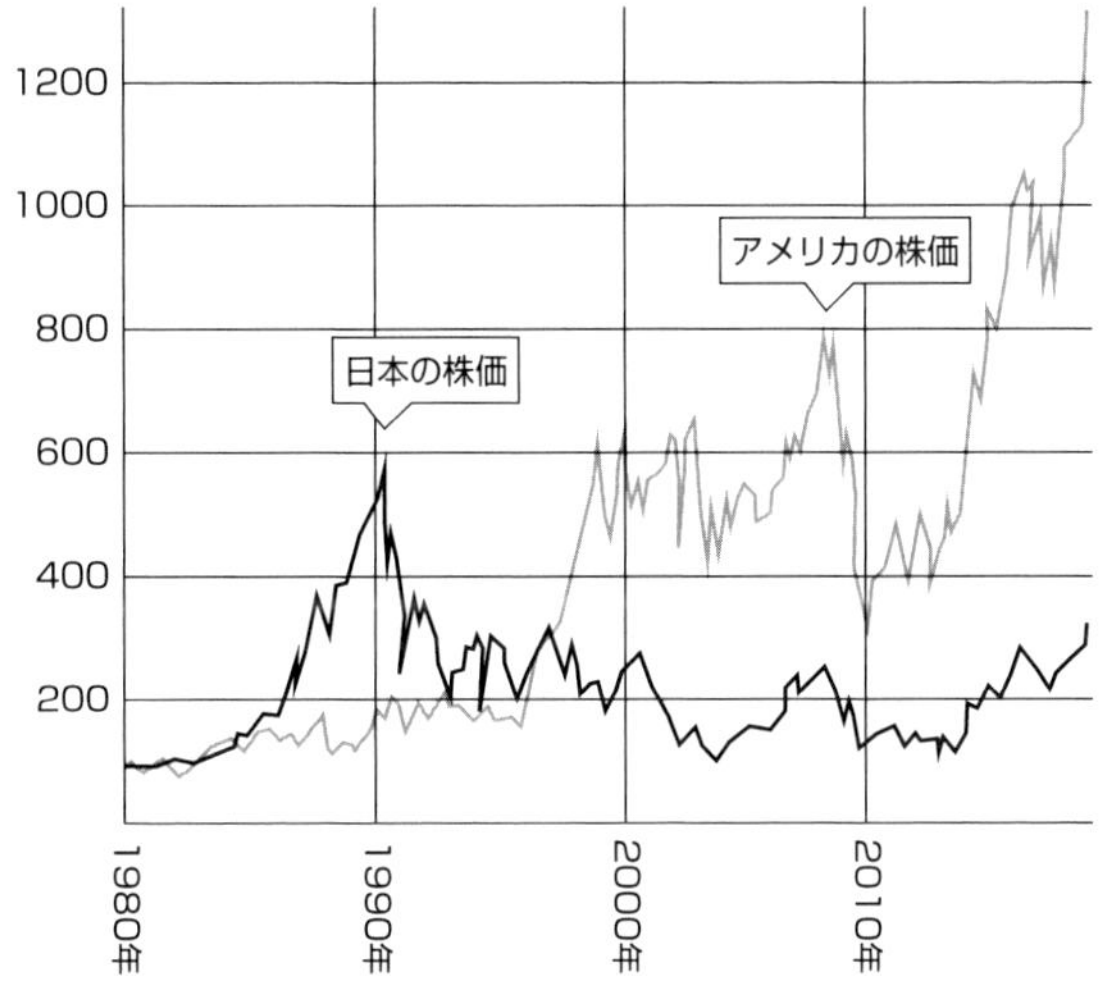

全員のモチベーションを高めるヒント

言うまでもありませんが、利益や利益率は最も基本的な KPI です。会社の業績評価にも使われます。利益と似た言葉に付加価値もありますが、利益と付加価値は全く違うということをご存じだったでしょうか？　即ち、付加価値は会社の関係者すべて（従業員や設備や銀行や株主）の取り分ですが、利益は株主の取り分だけを指す言葉です。ですから「利益を増やそう！」という呼びかけは従業員の本音には響きません。

でも「付加価値を稼ごう！」という呼びかけなら全員の目標になり、一人一人のモチベーションも高まるでしょう。

それは結果的に利益を増やし

株主にとっても喜ばしいはずです。利益を目指す経営にはもう一つ重大な問題があります。それは利益が操作可能なことです。事業が構造的な限界に直面し付加価値を稼げなくなっても、従業員の取り分を取り上げ必要な設備投資を先送りにすれば、一時的に利益は出せてしまいます。それ故に利益は事業の本当の危機を示さず、課題の先送りの原因になってきました。
もし本気で事業の業績回復を目指すなら、利益ではなく付加価値をこそ経営の目標にすべきことは明らかです。

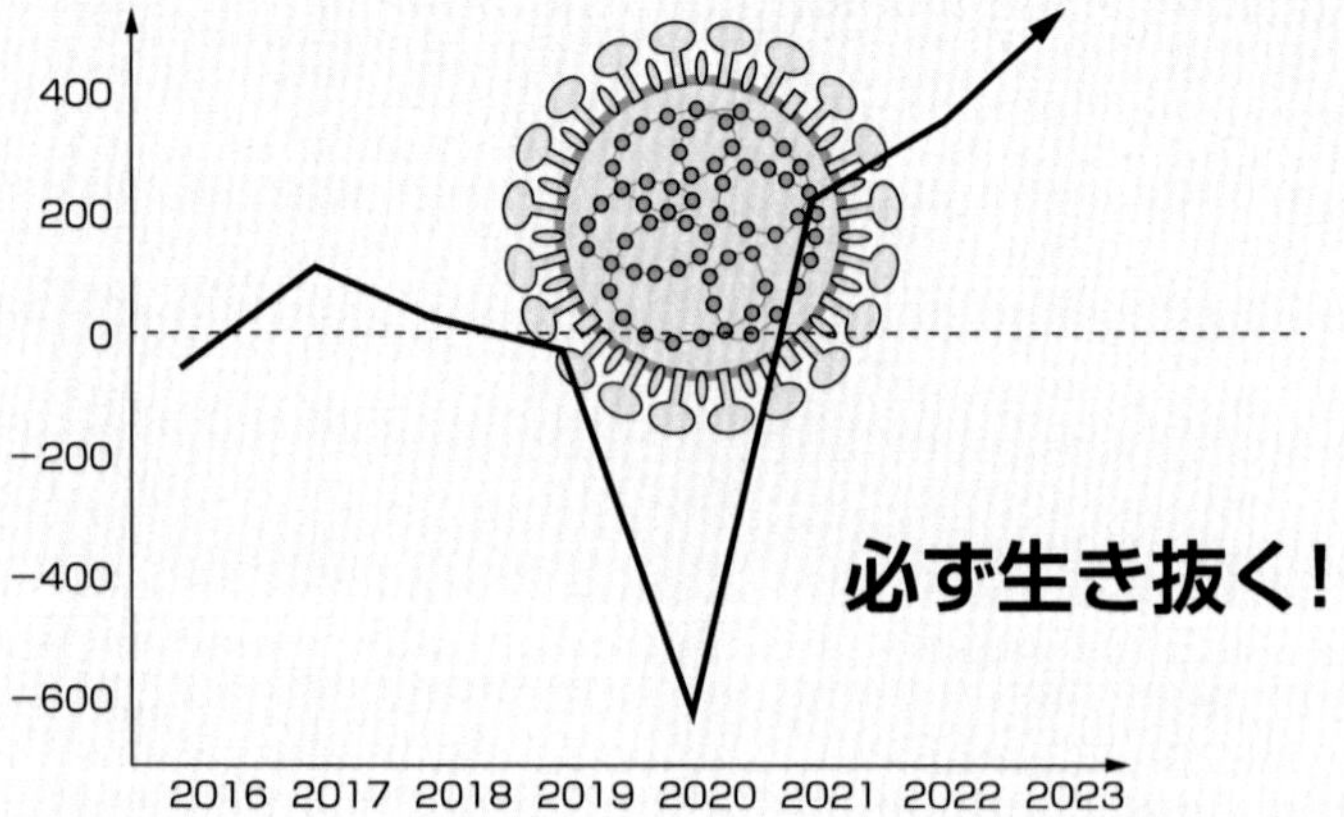

Ⅱ

損益分岐点

―明日の行動を決めるKPI―

第11話

どんなKPI？／損益分岐点って何ですか？？

未来に向かう意思決定のための極めて常識的なKPIです

◆損益分岐点とは損（赤字）／益（黒字）の境界となる売上高のことであり、きわめて常識的なKPIであるに違いありません。これは、費用が

✔ **変動費**（＝売上高に比例して増減する外部発生費用）

✔ **固定費**（＝売上高の増減に関わらず発生する内部発生費用）

に区分できるという考え方から導かれます。

◆すなわち、売上高から変動費を引いた残りである付加価値(※)でピッタリ固定費を賄えたら、それが損益分岐点です。その意味で損益分岐点は

絶対必達の経営目標を示す点

であるとも言えます。損益分岐点を1円でも超えれば黒字／1円でも下回れば赤字…その違いは天国と地獄です。そして業績回復活動の成果（売上増、変動費のコストダウン、固定費の生産性向上）は、現状との距離である**安全余裕率**に表れることになります。

（※）一般には「変動利益」と呼ばれます。しかし「利益」は関係者全員の目標ではないことから、本書では「付加価値」と呼びます。

新しいアドバイス　**損益分岐点は、経営上必達しなければならない目標だと言えます**

損益分岐点と安全余裕率

	〈現状〉	〈損益分岐点〉
売上高	25億円	18.75億円
－全ての変動費	17億円	12.75億円
＝稼いだ付加価値	8億円	6　億円
－全ての固定費	6億円	6　億円
＝残った付加価値	2億円	0　億円

〈損益分岐点の計算〉

$$25\text{億円} \times \frac{6\text{億円}}{8\text{億円}} = 18.75\text{億円}$$

〈安全余裕率の計算〉

$$\frac{25\text{億円} - 18.75\text{億円}}{25\text{億円}} = 25\%$$

第12話 従来のKPIの限界／損益計算が招く致命的誤解！

売上原価・販管費・営業外費用という名称に惑わされないでください

◆ところで、従来の損益計算では費用をわざわざ三つに区分してきました。売上原価、販売費および一般管理費（販管費）、営業外費用です。この区分は変動費／固定費とは全く無関係なのですが、なぜなのでしょうか？　いっそのこと「売上高－いろんな費用＝利益」としてしまえば

シンプルで計算も楽なのですが！

◆実は、この3区分は100年も前にデザインされたものでした。今ではこうした区分に必然性がなくなっています。それにも拘わらず、いつまでも古い3区分を踏襲し続けてきたことが、損益分岐点への致命的な誤解を生んでいるのです。たとえば、

✔ **売上原価**　…名称からして、売上高に比例する**変動費？**

✔ **販管費**　…名称からして、売上高に比例しない**固定費？**

✔ **営業外費用**…名称からして、本業に関係ない**固定費？**

ご注意ください、これらは全て誤解です！

新しい アドバイス　**売上原価は変動費でなく、販管費も固定費ではありません**

なぜ、費用を三つに区分してきたのか？

売上高	1000
－いろいろな費用	1100
＝利益	▲100

情報量は
変わらない？

売上高	1000	
－売上原価	800	※1
＝売上総利益	200	
－販売費および一般管理費	150	※2
＝営業利益	50	
－営業外費用	150	※3
＝経常利益	▲100	

※1　実は変動費ではない
※2　実は固定費ではない
※3　実は本業外ではない

第13話

従来のKPIの限界／利益±ゼロじゃあ、全然ダメ！

従来の損益分岐点には、株主への責任達成という視点が抜けていました

◆従来の損益分岐点には別の深刻な問題もあります。それは

株主に対して果たすべき責任

をすっかり忘れ去ってしまっているということです。

◆事業が稼ぎ出した付加価値（いわゆる変動利益）は会社を支える経営資源に順次分配されていきます。それが事業活動であり、固定費の本質です。付加価値の分配を受ける経営資源としては、ヒト（従業員）、モノ（設備投資）、カネ（銀行）、カネ（株主）の四つが特に重要です。

ところが従来の損益分岐点分析では、株主の取り分である利益が±ゼロの点が損益分岐点とされ、株主が要求する利益や資本コスト（WACC →第18話）全体の達成が全く考慮されていませんでした。しばしば本業外だと説明される支払利息を含むWACCの達成は、株式会社の本業中の本業です。

〈どこまでが必達目標なのか？〉

ヒトへの分配	（従業員へ）	労務費
モノへの分配	（設備投資へ）	減価償却費
カネへの分配	（銀行へ）	支払利息
	（株主へ）	利益

？　？

資本コスト（WACC）と呼ばれるもの

新しいアドバイス

株主の期待利益を達成しなければ、目標達成と言えません

付加価値の獲得と分配

売上高	200	
－全ての変動費	120	
＝付加価値	80	
－固定労務費	20	…ヒトへの分配
－減価償却費	20	…モノへの分配
－支払利息	20	…カネへの分配
＝利益	20	…カネへの分配

損益分岐点は有名！　でも…

限界1　従来の損益計算では、実施困難

限界2　WACC全体の達成も考慮されていない

第14話

従来のKPIの限界／これが現実！危険な判断

従来の損益分岐点分析では、意思決定の致命的な失敗を招きます

◆従来の損益分岐点の危険性を詳しく見てみましょう。仮に今、ある事業が赤字になっている場合、会社はどのような経営判断を下すべきでしょうか？　従来の損益計算だけを見て、現状の製品やサービスを全力で拡販すれば売上総利益（粗利）を稼ぎ業績回復できると期待するかもしれません。それが損益分岐点分析的な判断の仕方だからです。

「売って、売って、売りまくれ！」

◆しかしこうした判断は、実は極めて危険な誤解です。なぜなら、売上原価は変動費ではなく、販売費および一般管理費（販管費）も固定費ではないからです。しかも利益はしばしば操作されています。その危険性が従来の損益計算では見えないのです。正しい損益分岐点がわからなければ、現状の製品やサービスを拡販すべきなのか、それとも

見込みのない事業(※)に見切りをつけ

勇気を奮って新しいビジネスに踏み出すべきなのかが判断できません。

（※）コストダウンと判断もあるかもしれませんが、売上原価の内訳が見えないので、その実現性を判断できません。

新しいアドバイス

売って売って売りまくっても黒字になるとは限りません

従来の損益計算…危険な期待

↖ どうやって経営計画を立てるのか？

	現状	売上２倍	売上３倍
売上高	1000	2000	3000
売上原価　（※１）	−800	−1600	−2400
売上総利益	200	400	600
販管費　（※２）	−400	−400	−400
営業利益	▲200	0	200

（※１）　実は変動費ではない　　（※２）　実は固定費ではない

業績回復？

正しい損益計算…正しい予測

	現状	売上２倍	売上３倍
売上高	1000	2000	3000
全ての変動費　（※４）	−1100	−2200	−3300
付加価値	▲100	▲200	▲300
全ての固定費　（※５）	−100	−100	−100
残余利益	▲200	▲300	▲400

（※４）　全てのコストを集計　　（※５）　経営資源を集計

業績悪化！

第15話

従来のKPIの限界／費用の3区分に必然性なし！

売上原価・販管費・営業外費用という3区分は、今日全く意味を失いました

◆従来、変動費だと誤解されがちだった売上原価と、固定費だと誤解されがちだった販売費および一般管理費（販管費）ですが、元来これらは「工場内」と「工場外」の費用を区別する概念にすぎません。

「販管費および一般管理費」という、あまりにも粗雑な名称

にもそれが表れています。そして全ての活動が時間との闘いとなった今日、日々発生する金利もまた「営業外」の費用などではありません。

◆今日では工場内／外の活動は一体化して見わけが付きません。技術は世界中でコモディティ化し、各社の製品の差も小さくなりました。その結果、工場内の活動よりは

工場外の活動の方が重要な勝負どころ

になってきています（注文や支払や受取の利便性、デリバリーの速さ、研究開発や事業企画など）。しかしこれらは販管費や営業外費用の中に雑然と突っ込まれて原価としては積極的に管理されず、利益操作の原因にすらなっていました。これでは危機と戦うことができません。

新しいアドバイス　古い3区分を見直さなければ製造業のパラダイムシフトは成功しません

古い３区分では、変動費も固定費も管理できない

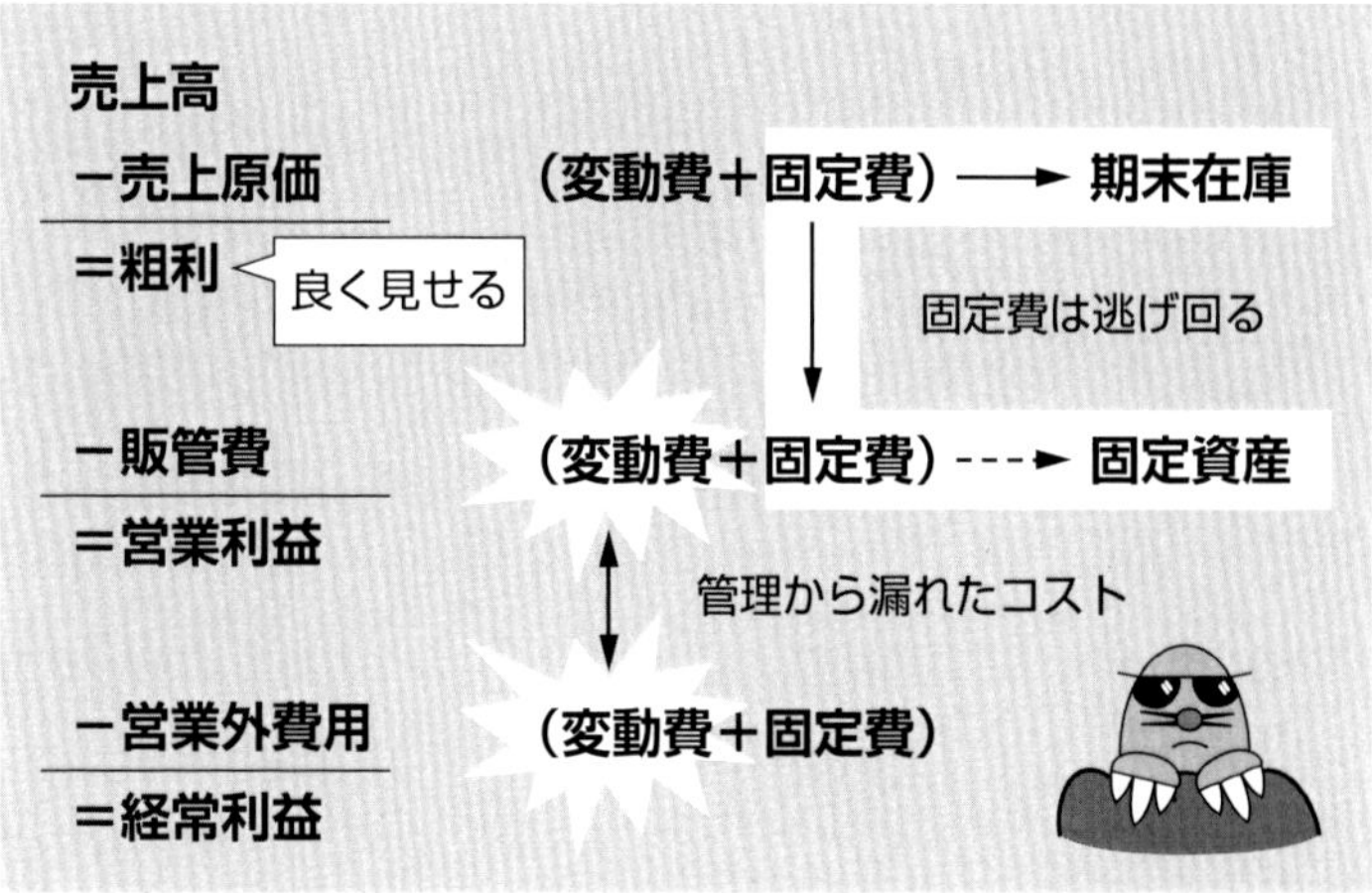

費用は社内を逃げ回る

第16話

従来のKPIの限界／変動費と固定費の違い理解

「外部から調達するコスト」
vs
「内部で事業を支える資源」

◆そもそもなぜ変動費は売上高に比例して増減し、固定費は売上高の増減に拘わらず発生するのでしょうか？　それは変動費が売上げの都度「社外」から調達され消費される外部発生費用（**コスト**）だからです。他方、固定費は初めから「社内」に存在し、事業活動を担う経営資源を支えるものです（**資源**）。どちらも「○○費」と呼ばれますが、

管理目標が全く違うので要注意です！

変動費（コスト）	⇕	固定費（資源）
常にコストダウンに努めるべきもの（なるべく使わないということ）		常に生産性を問うべきもの（しっかり使うということ）

◆管理目標が全く違うものを混ぜたら管理に失敗するのは当然です。それにも拘わらず、従来の損益計算（全部原価計算）では変動費と固定費がしっかり区分されずゴチャゴチャでした。そのことが日本中で

悲劇を引き起こしてきたのです

新しいアドバイス　**変動費と固定費は管理目標が違います。絶対に混ぜてはいけません**

会社の活動

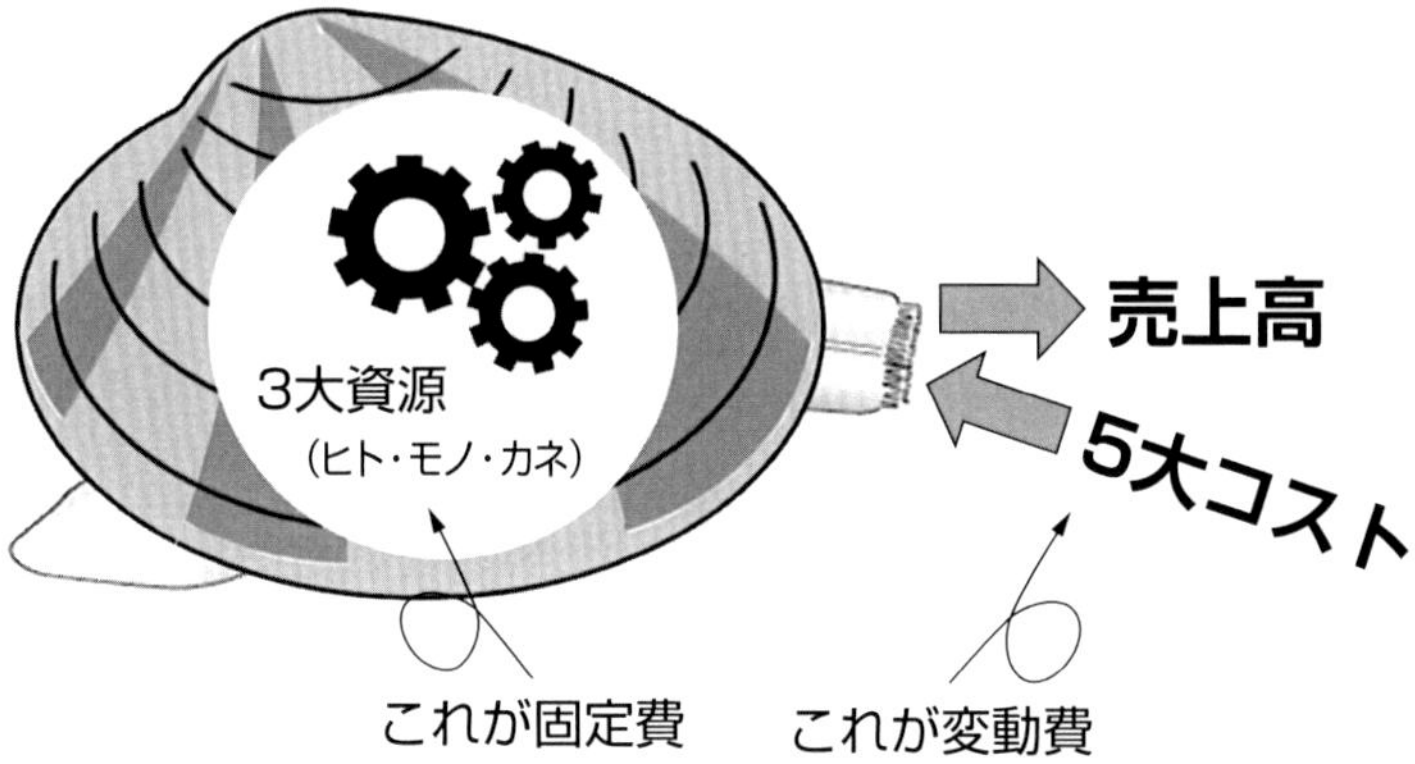

変動費の動き vs 固定費の動き

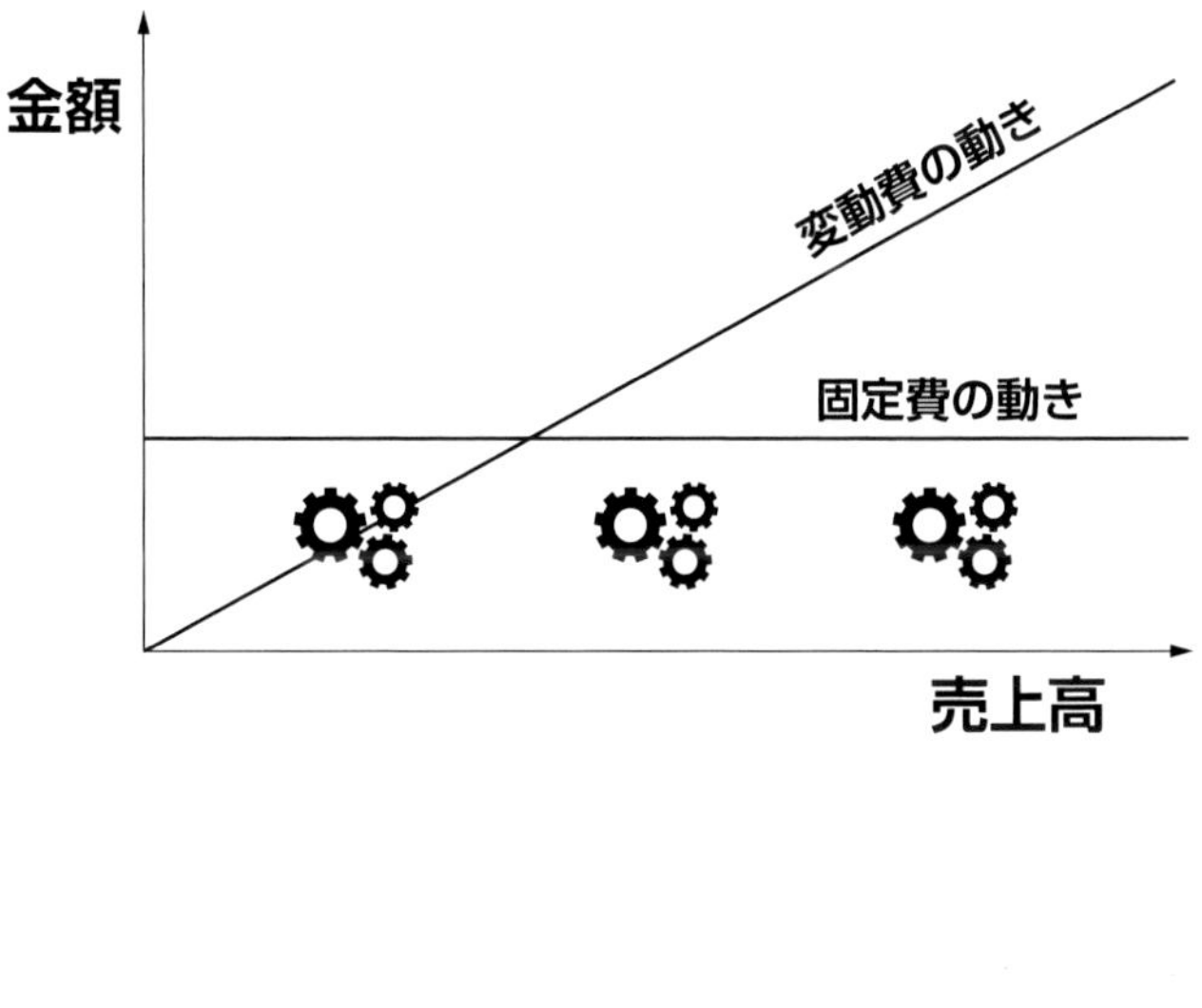

固定費は変えられない？

「固定費と変動費をきちんとわけましょう」という説明を申し上げると、「うちの固定費は決められているので勝手に変えられないのです」というお話を伺うことがあります。状況を整理してみましょう。

■整理1：固定費／変動費の管理目標は整理されていますか？

それぞれの管理目標が整理されていて、経営目標にしっかり連動しているなら、何が固定費なのかをあえて見直す必要はありません。

■整理2：管理目標と管理会計の形は整合していますか？

管理目標が違えば、それを管理する会計の形も当然違ってくるはずです。その意味でなら、何が固定費なのかを見直す必要があります。

■整理3：今までの慣行から抜けられない？

事業の業績がそれほど悪くないなら、あえて固定費の見直しをする必要はないかもしれません。しかし事業の業績が悪化していて何らかの経営的なアクションに迫られているなら、何が固定費なのかを見直す必要があります。

■整理4：管理会計と財務会計は明確に区別されていますか？

管理会計（経営判断に使う）と財務会計（外部開示に使う）の形が同じでよいはずはありません。その意味でなら、財務会計上の慣行に縛られず、何が経営管理上の固定費なのかを見直す必要があります。

■整理5：費用を固定的に考えていませんか？

例えば同じ電気料金でも、基本料と従量部分の料金では管理目標が違うはずです。全ては経営管理上の必然性から導かれるべきことでしょう。その意味でなら、何が固定費なのか見直す必要があります。

■整理6：過去のデータとの連続性への懸念がありますか？

ＩＴの時代です。管理会計と財務会計の相互の組み換えの仕組みを整備し、両者を併用するならば、会計数値の連続性は担保できます。

■整理7：導入されている会計システムに十分な柔軟性がありますか？

会計システムは一般に高額なので、固定費／変動費の見直しに伴い大きな費用が掛かる場合があります。費用と効果を比較して意義がないと判断されるなら、何が固定費なのかを見直す必要はありません。ぜひ考えてみていただきたいのは、それそも何のために損益計算をしてきたかということです。無意味に計算を変える必要はありませんが、無意味な数字になっているのなら計算は変えなければなりません。

第17話 従来のKPIの限界／自己資本はタダじゃない！

内部留保が有効に活かされていないなら、株主に償還しなければなりません

◆ところで、無借金経営が良いと言われることがありますが、そこにも損益分岐点に繋がる重大な誤解があるようです。すなわち、会社にとっての他人資本は資金提供者にとっての「債券投資」です。会社にとっての自己資本は資金提供者にとっての「株式投資」です。
両者とも資金提供者が

利回りを期待するものですから、タダではありません

債券投資（元利保証あり）→会社の他人資本（低コスト）	
株式投資（元利保証なし）→会社の自己資本（高コスト）	

◆資金提供者にとって、元本と利率が約束された「債券投資」より、どちらも約束されない「株式投資」の方がハイリスクです。すなわち要求利回りも高いのです（ハイリターン）。
従って自己資本は高コストですし、常に無借金がベストとも限りません（財務レバレッジ）。
自己資本を構成する

内部留保も、実は高コストな資金です！

新しいアドバイス　内部留保は借入金より高コストな資金です。くれぐれも注意しましょう

資金提供者の視点 vs 会社の資金調達の視点

〈資金提供者の視点〉		〈会社の視点〉
債券投資 （ローリスク・ローリターン）	⇒	**他人資本** （低コスト）
株式投資 （ハイリスク・ハイリターン）	⇒	**自己資本** （高コスト）

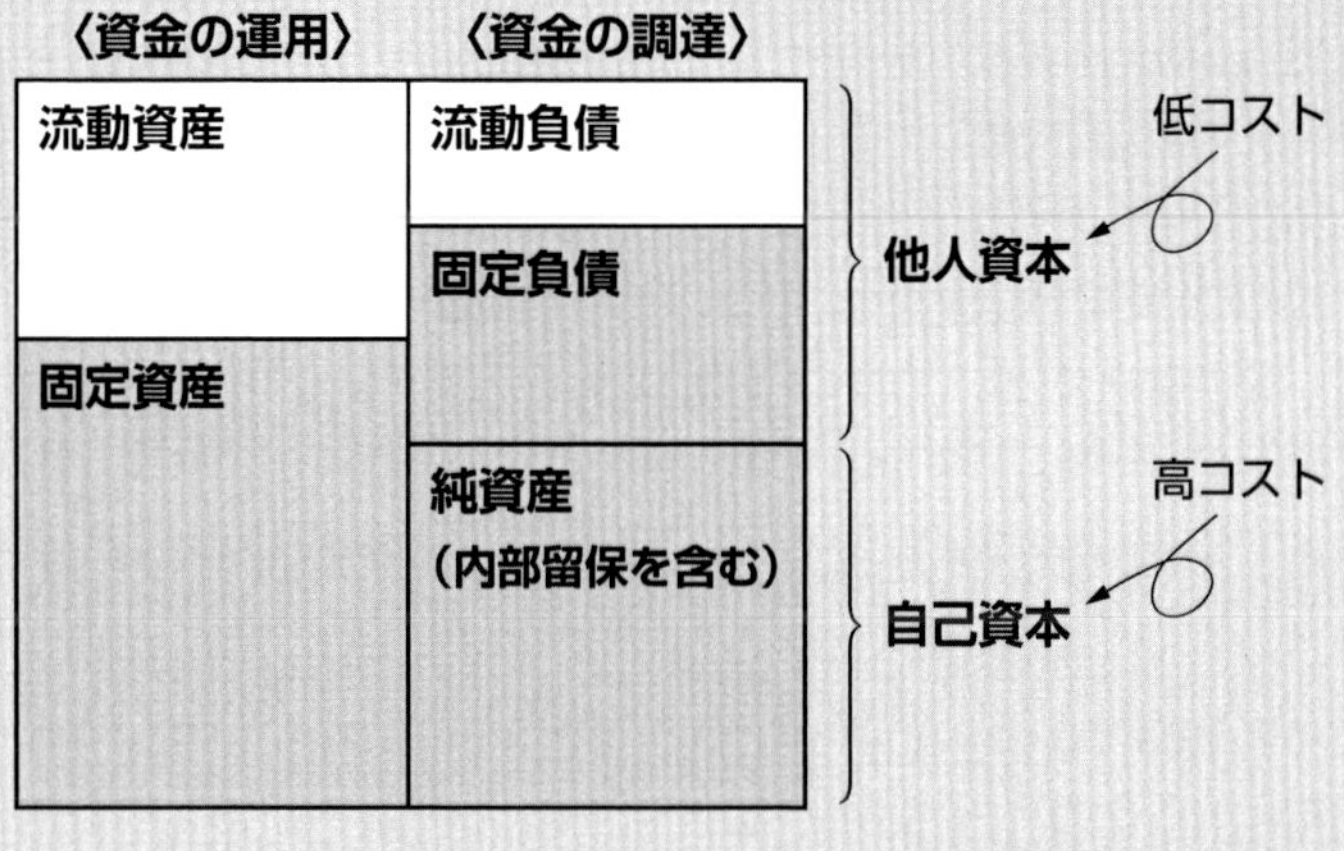

※節税効果を生じるという意味でも他人資本は相対的に低コストです

第18話 V字回復への行動／資本コスト（WACC）を管理する

所有と経営の分離が進み、自己資本と他人資本は一体化しました

◆会社の所有と経営の分離が進んでいると言われます。もちろん法的には会社は株主のものです。株主は株主総会の議決権を通じて会社の重要事項の決定に参加し、会社の方向性を決めることができるからです。しかし近年の株主はしばしば短期的な株式売買を繰り返し、会社の経営には直接参加しなくなりました。そんな変化に応えて、無議決権株式や償還期限付き株式も発行されるようになり、結果的に

自己資本と他人資本の境界は曖昧になりました

◆世界的には、自己資本のコストと他人資本のコストを一体的に管理するのが潮流になっています。そのために

WACCという概念を用います

WACC(※)全体の達成／未達成は株式会社の存否にすら関わる重大事なのです。それにもかかわらず、その達成状況が損益計算上にきちんと示されてこなかったことが、WACCへの無関心を生み、日本の株価低迷や年金破綻の原因にさえなってきました。

※ Weighted Average Cost of Capital（加重平均資本コスト）の略です

新しいアドバイス　**WACCを達成することこそ、株式会社の最も根本的な使命です**

事業資金の三つの調達方法

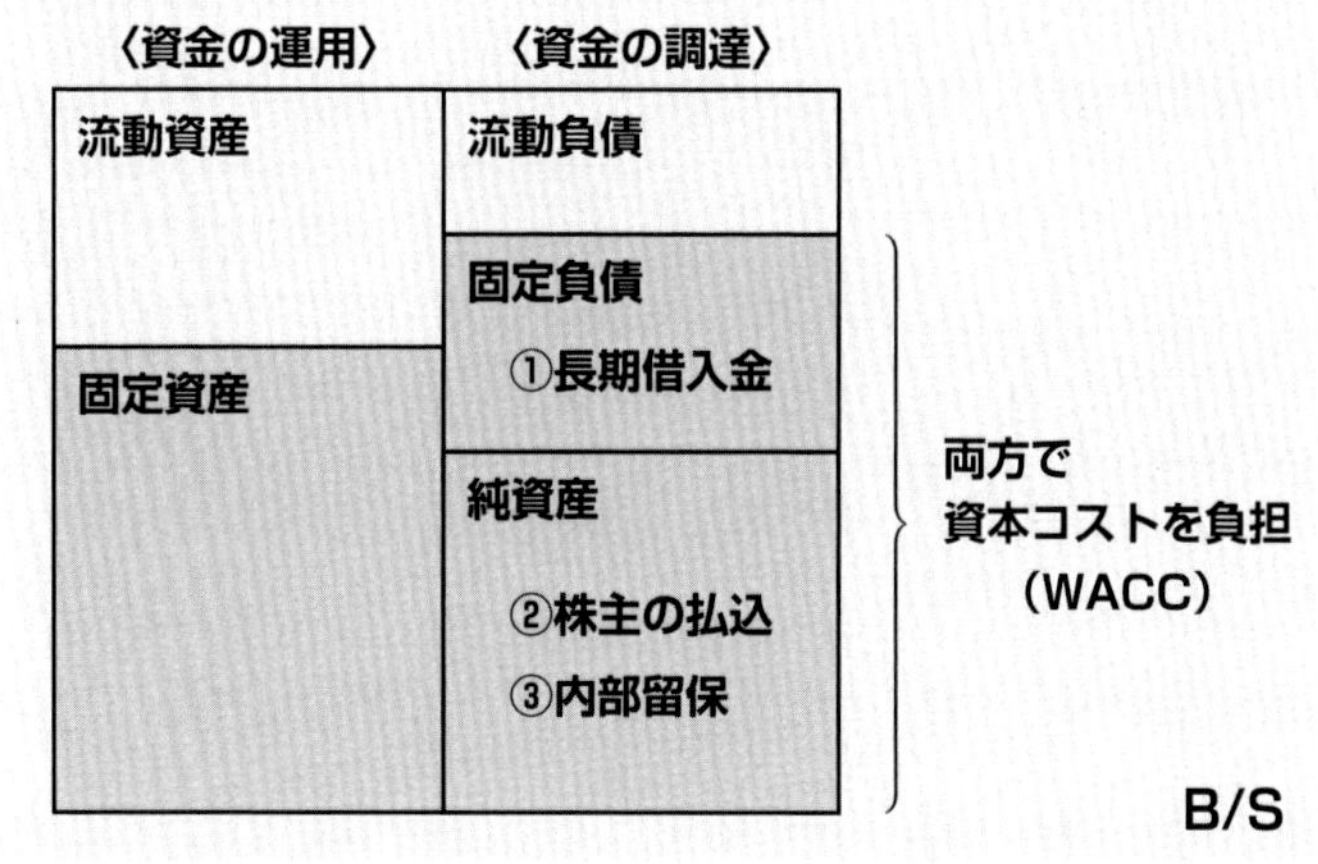

境界は曖昧になった

第19話 V字回復への行動／WACCを周知し、必達する！

WACCが未達なら会社は消滅していく…それが資本主義の根本的な掟です

◆資本コスト（WACC／ワック）が達成されないと何が起こるでしょうか？　他人資本の場合は銀行による信用取引停止や取り立てなど、目に見える形での制裁が行われます（事故死）。他方、自己資本の場合は目に見える形での制裁はありません。しかし…株主に対する責任（高い利回り）を達成できなければ、

本当はきわめて厳しい制裁（病死）があるのです

◆株式会社の仕組みは大航海時代の冒険家の資金調達に起源を有しますが、株主（当時は王様や貴族が出資者になるケースが多かった）の期待に応えられなかった冒険家は死罪でした。それは今日でも同じなのです。すなわち、株主[※]の期待に応えられなかった会社（つまりWACC未達成の会社）の株価は暴落し、敵対的買収の対象となります。その結果、会社は解体されて抹殺され死罪になるというのが、今も昔も変わらない

資本主義の掟だということを忘れてはなりません

（※）今日の株主は、多くの場合、年金や退職金を運用している私たち自身です。

新しいアドバイス

達成を目指すWACCは、最終的には経営判断で見定めます

資本コスト（WACC）の計算例

B/S

〈資金の運用〉	〈資金の調達〉	
流動資産（40億円）	流動負債（20億円）	
	固定負債（30億円） ①長期借入金	他人資本
固定資産（60億円）	純資産（50億円） ②株主からの払込 ③内部留保	自己資本

⇒ 銀行金利を負担している（例えば年6%）

⇒ 株主期待を負担している（例えば年8%）

〈WACCの計算〉

$$6\% \times \frac{30}{80} + 8\% \times \frac{50}{80} = 7.25\%$$

※他人資本を上手に使えばWACCを下げられます（財務レバレッジ）

第20話

V字回復への行動／損益分岐点もWACC達成が目標

目標が見えていなければ、それを達成することもできません

◆損益分岐点とは損益（赤字／黒字）の境界となる売上高であり、必達すべき経営目標を示す点でもあります。しかしながら、従来の損益分岐点では他人資本と自己資本を合わせたWACC全体の達成という意識が希薄だったため、株主利益が「±0」の点が目標と認識されてきました。管理職の方でさえ自社のWACCを知らなかったりします。これでは経営判断の誤りや、株価低迷に繋がります。本来あるべき損益分岐点は

WACC全体がしっかり達成された点です

◆併せて、従来の損益計算では変動費と固定費がしっかり分離されていなかったため、損益分岐点や安全余裕率の管理が困難でした。事業の業績を回復させるには、変動費と固定費がしっかり分離され、WACCの達成状況も明示された損益計算を導入する必要があります。そうすれば、損益分岐点の判断も

事業計画も、人材登用も、目標設定も、業績評価も

意思決定のあり方は大きく変わるでしょう。WACCを達成するため、会社は大胆に決断し、行動しなければなりません。それが結果的に私たちの暮らしを豊かにするのです。

新しいアドバイス

見定めたWACCは損益上に明示して、その必達を目指しましょう

従来の損益分岐点（自己資本はタダ？）

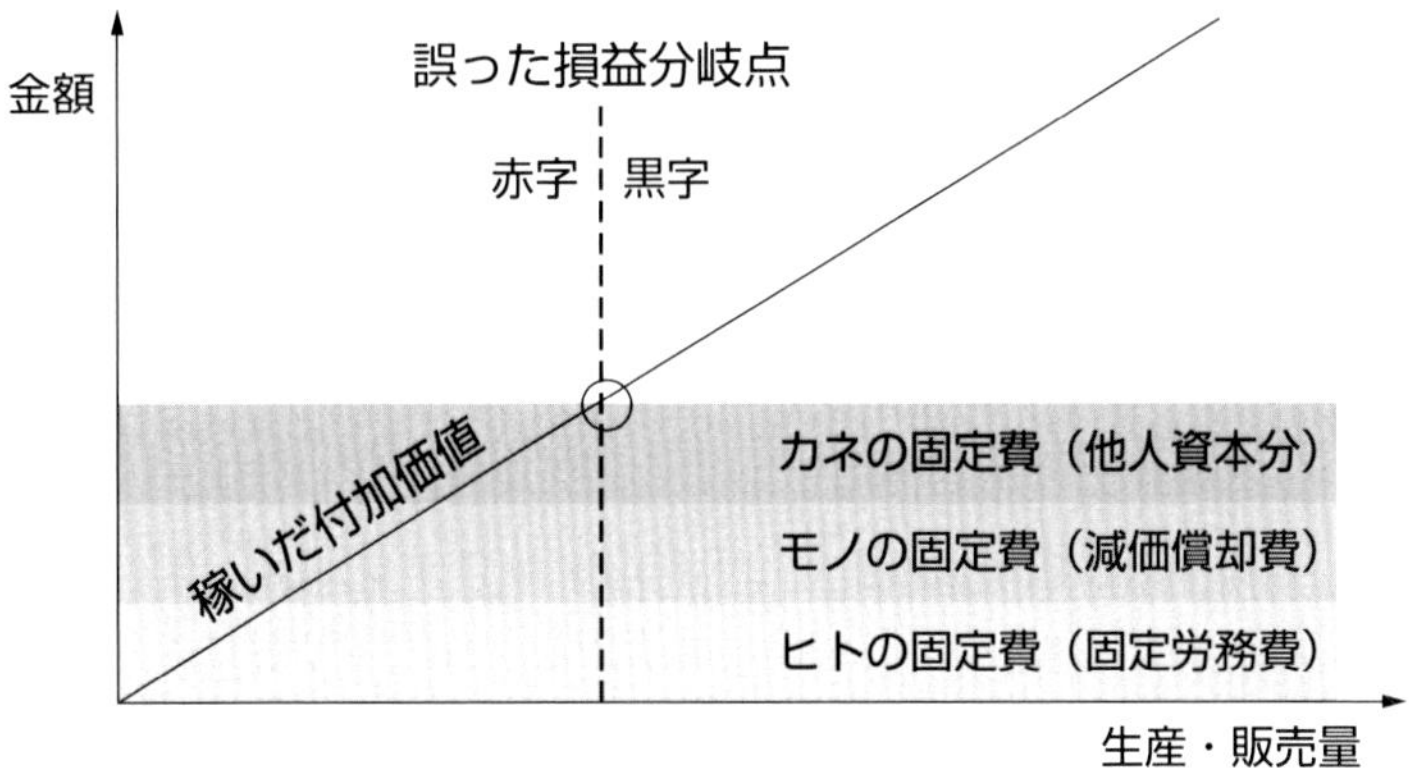

あるべき損益分岐点（自己資本は高コスト！）

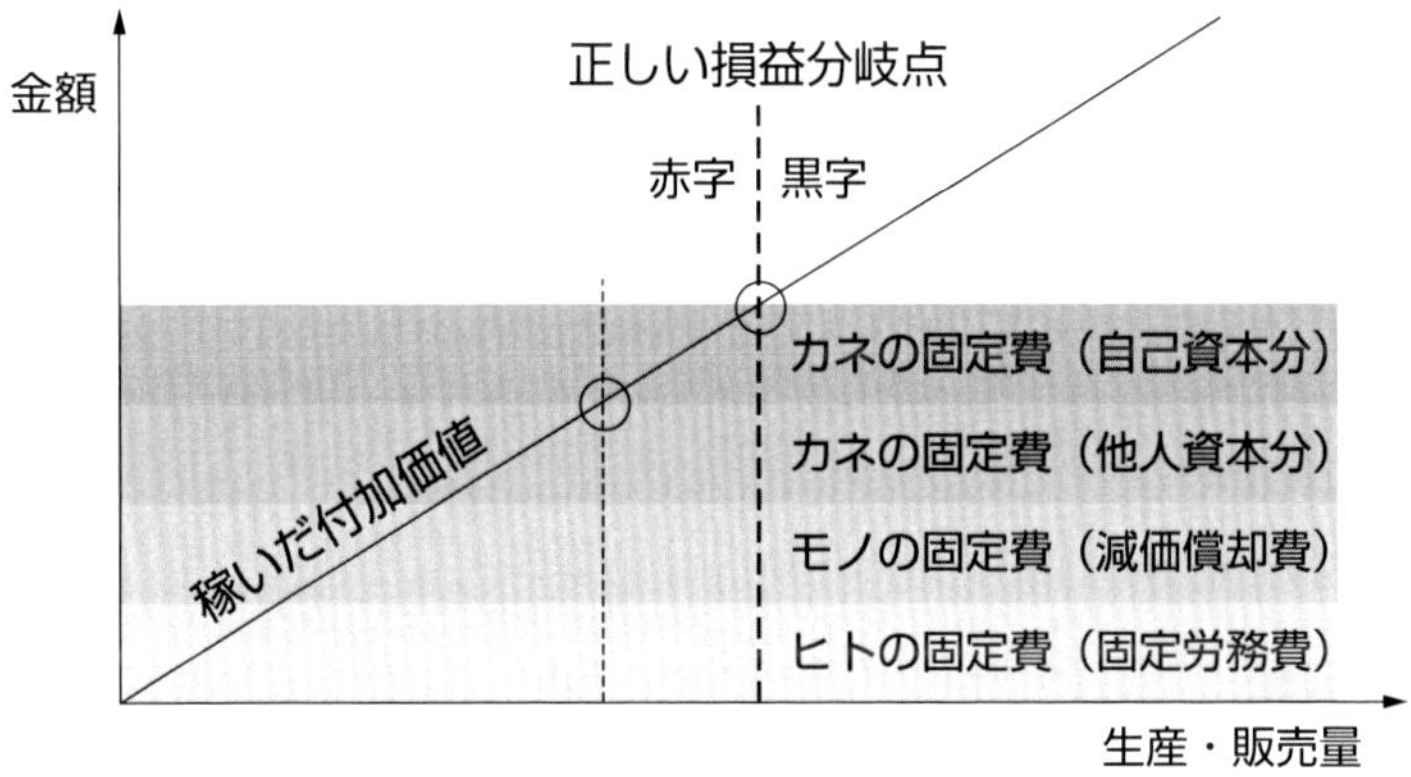

他人資本コストの未達成⇒事故死
自己資本コストの未達成⇒病死

従業員の意識を高めるためのヒント

損益分岐点は経営が必達しなければならない目標です。損益分岐点を1円でも超えれば黒字／超えなければ赤字です。天国と地獄…それくらい重要なKPIでありながら、そこには一つの致命的な見落としがありました。それは従来の損益分岐点（利益が±ゼロの点）が株主への責任を忘れ去っていたことです。すなわち、会社が獲得した付加価値は従業員や設備投資や銀行に順次分配されていきます。全てが賄えた所が損益分岐点なのですが、この段階では株主への分配（利益）はまだゼロです。それでもそこが目標達成点だと認識されてきたのは、会社が株主のものだという法的形式のゆえでしょう。しかし近年では会社の所有と経営は分離し、経営に直接関与しない株主が増えました。今や

自己資本と他人資本を区別する意味はなく

両者を合わせたWACC（加重平均資本コスト）を管理するのが世界の潮流です。そしてWACCを重視する経営をするなら、他人資本のコストと自己資本のコストの両方を達成した点をこそ損益分岐点とし、従業員にその達成を指示しなければ、片手落ちなのは明らかでしょう。高コストな資金である自己資本（内部留保を含む）をどう運用するかも重要な経営課題です。

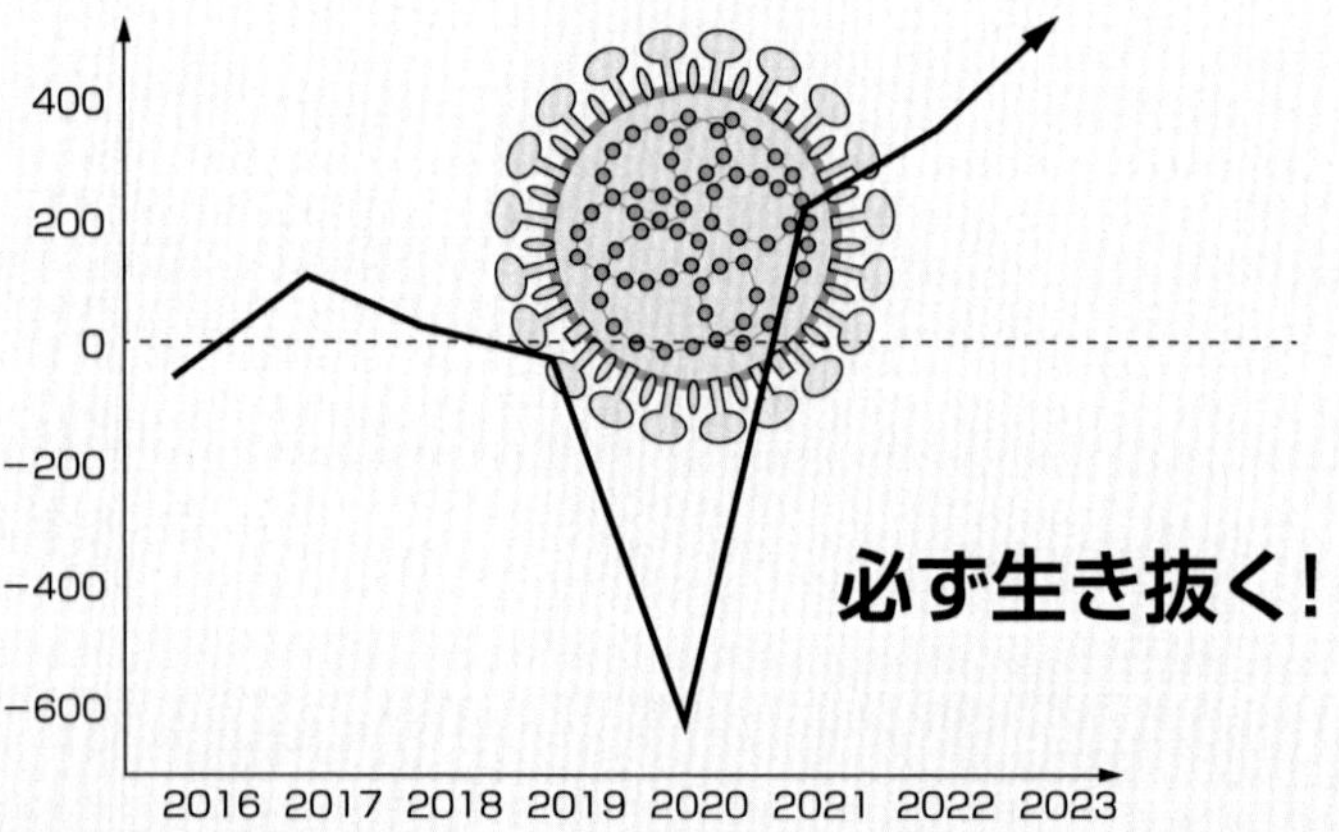

Ⅲ

原価差異

―コストダウンの成否を握るKPI―

第21話 どんなKPI？／原価差異って何ですか？

これこそが、コストダウンの成功と失敗をわける重要KPIです

◆原価差異とは、原価の目標と実際の原価の差のことです。一般に原価差異はKPIとして認識されていないことが多いかもしれません。損益計算においても原価差異が表現され管理されている事例は極めて稀です。その一方で、おそらくほとんどの製造業がコストダウンに懸命に取り組んでいるはずです。ところでコストダウンという活動は、原価目標（標準値）と実際の原価の差異を認識し、その差異の解消に向かって努力することですから、そこには必ず原価差異が表れてくるはずです。

本当に本気でコストダウンに取り組んでいるならば！

それにも拘わらず原価差異がきちんと表現されていないことが、多くの製造業でコストダウンが成功しない重要な原因になってきたのです。

◆「原価」に似た言葉として、「コスト」や「変動費」などもありますが、ここでは全て同じものだと考えておきましょう。すなわち、

原価差異 ≒ コストの差異 ≒ 変動費の差異です

新しいアドバイス **コストダウンとは、原価差異を認識し、それを解消していく活動です**

変動費（コスト）の管理

調達者	担当者
管理責任者	担当者
調達のタイミング	必要な都度に社外から
管理目標	定められた標準値の遵守 コストダウン(なるべく使わない)
統制方法	標準値からの逸脱チェック 毎日の差異管理

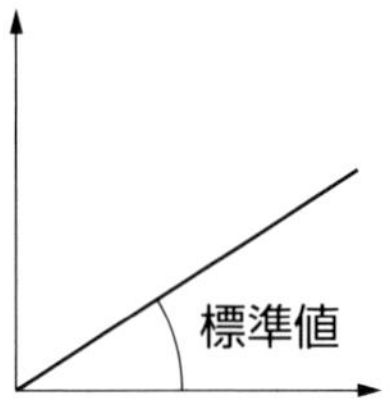

重要な費用は必ずどちらかであるはず（管理目的法による固変分解）

固定費（資源）の管理

調達者	経営者
管理責任者	経営者
調達のタイミング	期初以前
管理目標	定められた金額の遵守 生産性向上(しっかり使う)
統制方法	金額からの逸脱チェック 毎月の生産性測定

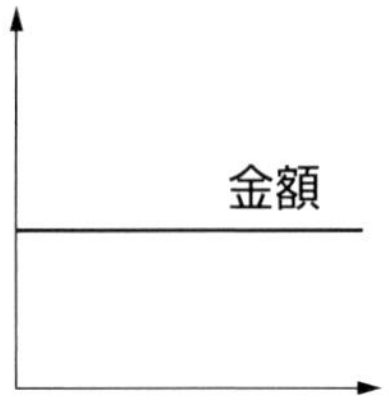

〈管理目的法による固変分解〉

全ての費用はあらかじめ統制方法が定められているはずです（変動費か固定費かが決まっているということ）。なぜなら、定められていないという状態は管理されていないという状態でもあるからです。

第22話

どんなKPI?/原価差異はどこで発生しているか?

製造業のサプライチェーン全体を辿って、原価を拾い上げましょう

◆今回は、製造業のサプライチェーンを辿って、どこでどんな原価（≒コスト≒変動費）が発生しているかを確認しておきましょう。銀行で借り入れられた運転資金は、まず原材料に姿を変えます。この原材料が**材料費**として消費され**変動労務費**と共に仕掛品へと姿を変えます。会社のビジネスモデルによっては更に**外注加工費**が消費されて仕掛品は製品へと姿を変えるでしょう。製品は外注物流費を消費してお客様に届けられ、売上債権に姿を変えます。そして売上債権は最終的には現金預金として回収され、**在庫金利**とともに銀行に返済されます。これが

製造業のサプライチェーンの一巡です

◆ここでは代表的変動費として、①材料費、②変動労務費、③外注加工費、④外注物流費、⑤在庫金利の五つを認識しました。これらは売上を実現する度に消費される変動費（コスト）ですから、標準値との差異（原価差異）を認識し

コストダウンに努めなければなりません

見方を変えると、標準値を定めて差異管理をする費用が変動費だということです。

新しいアドバイス **目標と実際の差異を認識するところから、コストダウンは始まります**

製造業のサプライチェーンを辿ってみる

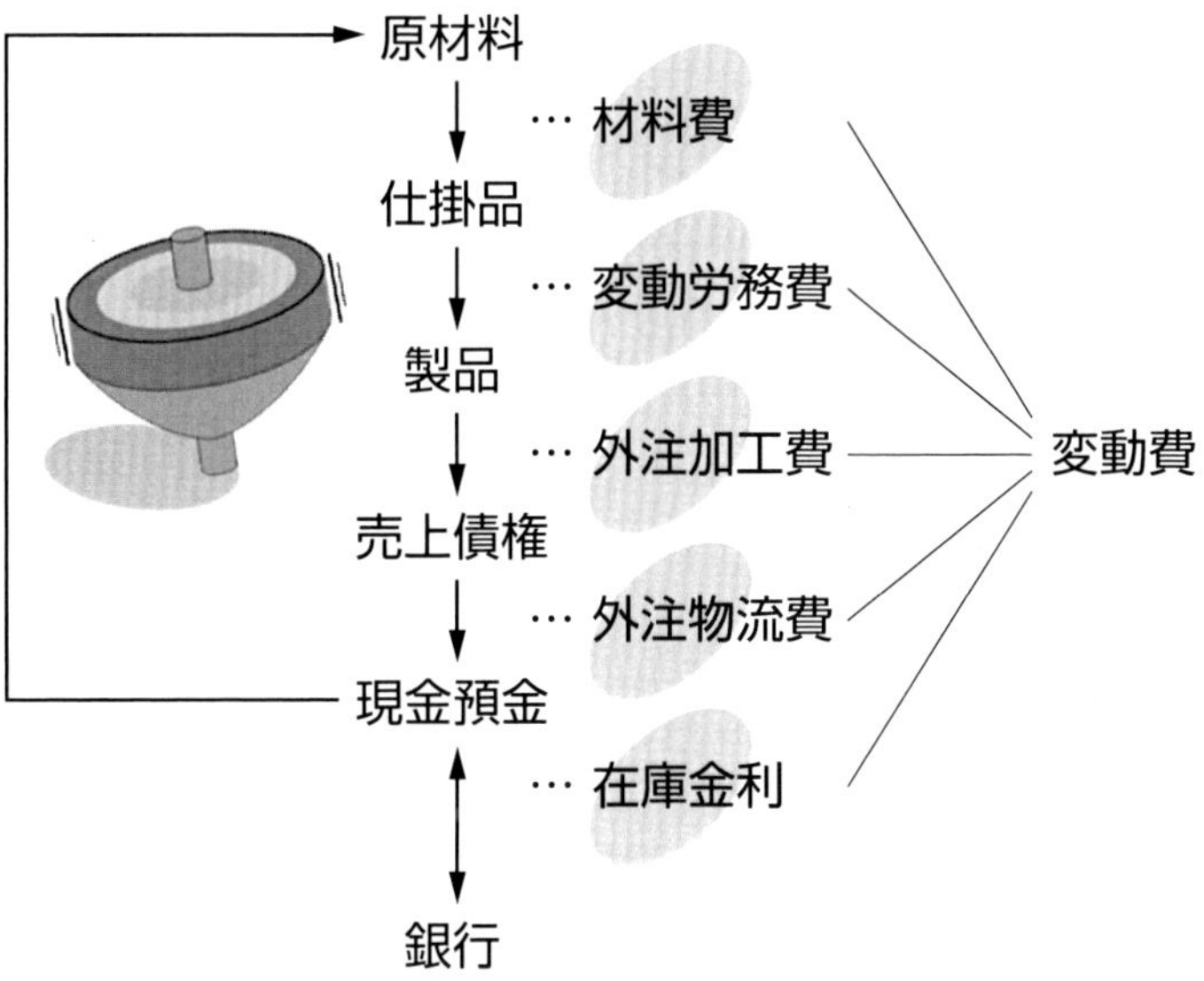

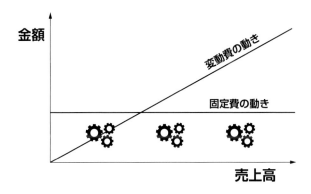

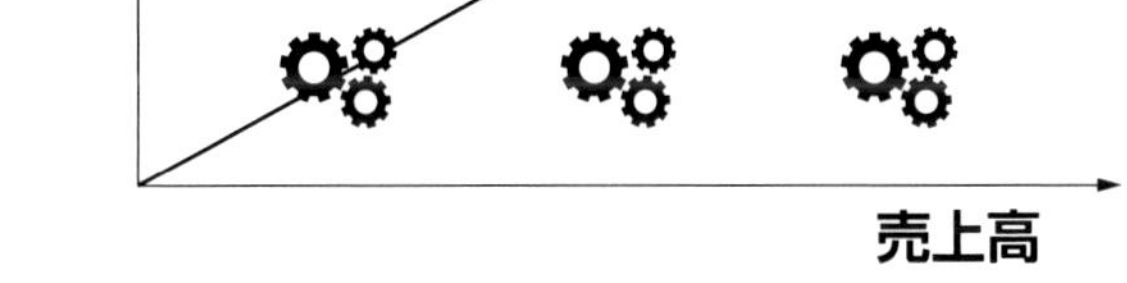

第23話 従来のKPIの限界／差異が見えなければ成長もない！

付加価値も原価内訳も原価差異も読み取れない！
それが今のP／Lです

◆原価の内訳把握と原価差異の認識は、事業の成長にとって不可欠ですが、従来の損益計算では全く表現されていませんでした。ここに示した事例では、異常なまでに細かい金額の記載がある一方で、コストの内訳や原価差異はわかりません。損益分岐点も付加価値もわかりません。付加価値がわかりませんから生産性もわかりません。改めて

損益計算の目的は、いったい何だったのでしょう？

原価内訳？
原価差異？
付価値値？
生産性？
損益分岐点？
安全余裕率？
キャッシュフロー？

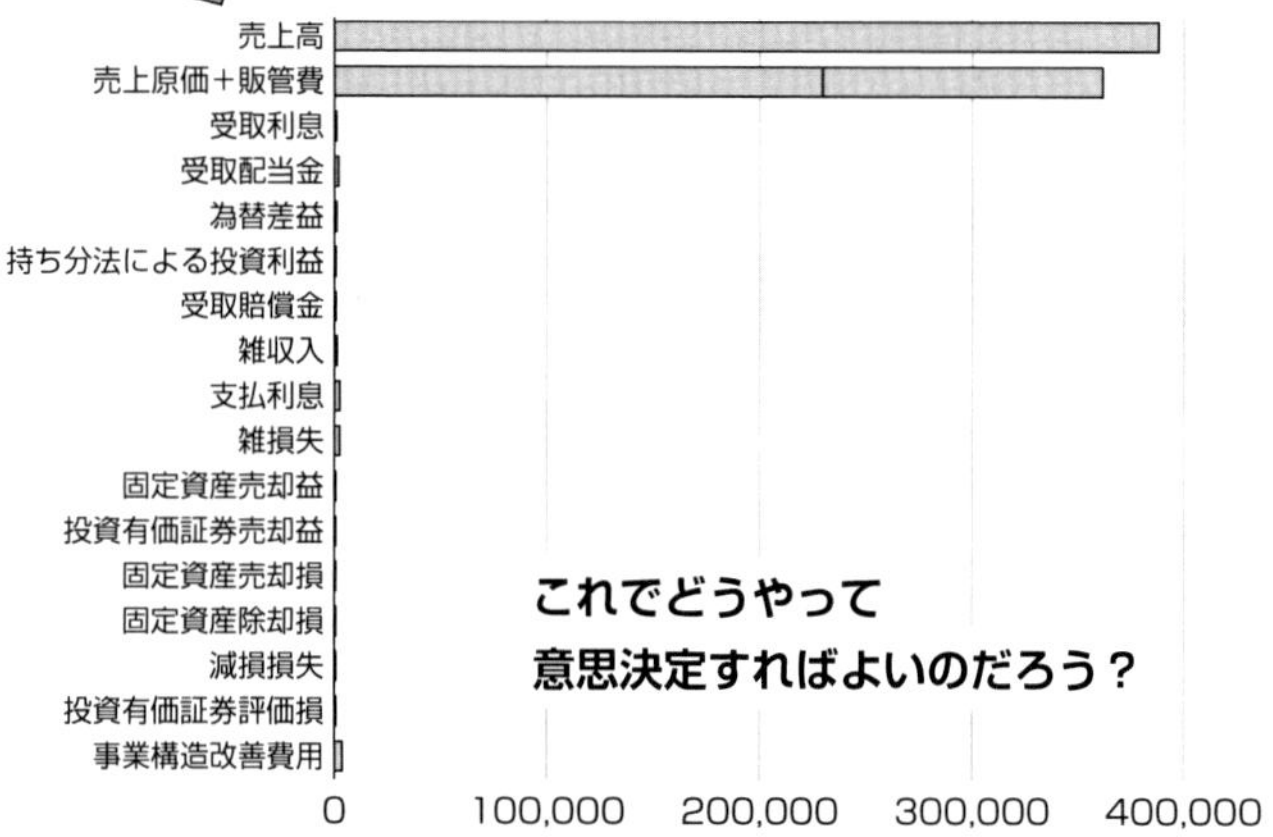

表示金額の異常なアンバランス

新しいアドバイス こんな損益計算では（！）、経営は勘と気合に頼らざるを得ません

従来のP/L…必要な情報が全く読み取れない！

売上高	388,463
売上原価	229,256
売上総利益	159,206
販売費および一般管理費	133,313
営業利益	25,893
営業外収益	
受取利息	443
受取配当金	1,631
為替差益	999
持ち分法による投資利益	73
受取賠償金	45
雑収入	963
営業外収益合計	4,157
営業外費用	
支払利息	2,101
雑損失	2,269
営業外費用合計	4,371
経常利益	25,679
特別利益	
固定資産売却益	108
投資有価証券売却益	16
特別利益合計	125
特別損失	
固定資産売却損	77
固定資産除却損	284
減損損失	283
投資有価証券評価損	7
事業構造改善費用	3,401
特別損失合計	4,053
税金等調整前当期純利益	21,750

第24話

V字回復への行動／差異分析の定石をきちんと実践

原価差異を毎日把握し分析しなければ、ロスは垂れ流しになります

◆全ての変動費は、達成目標である「標準原価」と活動実績である「実際原価」を比較して、必ず差異を明らかにしなければなりません。差異が明らかになってはじめて事業活動が正しい目標に向かえているかどうかが判断でき、誤った行動は修正されて事業目標が達成されるからです。差異が認識されれば原因を分析し、対策します。想定外の環境変化、作業手順の誤り、装置の設定ミスや故障などのほかにも、そもそも目標が誤っていて達成不可能だった可能性もあります。誤りがあるなら

直ちに是正しなければなりません

◆認識された差異は、「単価の差異」と「消費量の差異」にわけることが分析の定石です。それぞれに責任を負い、対策を実行する部門が違うからです。

差異分析と対策は毎日行います！

そうしなければロスは垂れ流しになり、差異の原因はわからなくなり、事業の目標は達成されません。

新しいアドバイス　**原価差異を認識したら、単価差異と消費量差異にわけましょう**

原価差異の認識（材料費の場合）

標準材料費＝標準単価×標準消費量
＝@120円×20kg
＝2400円

実際材料費＝実際単価×実際消費量
＝@130円×22kg
＝2860円

材料費差異
▲460円

原価差異の分析（材料費の場合）

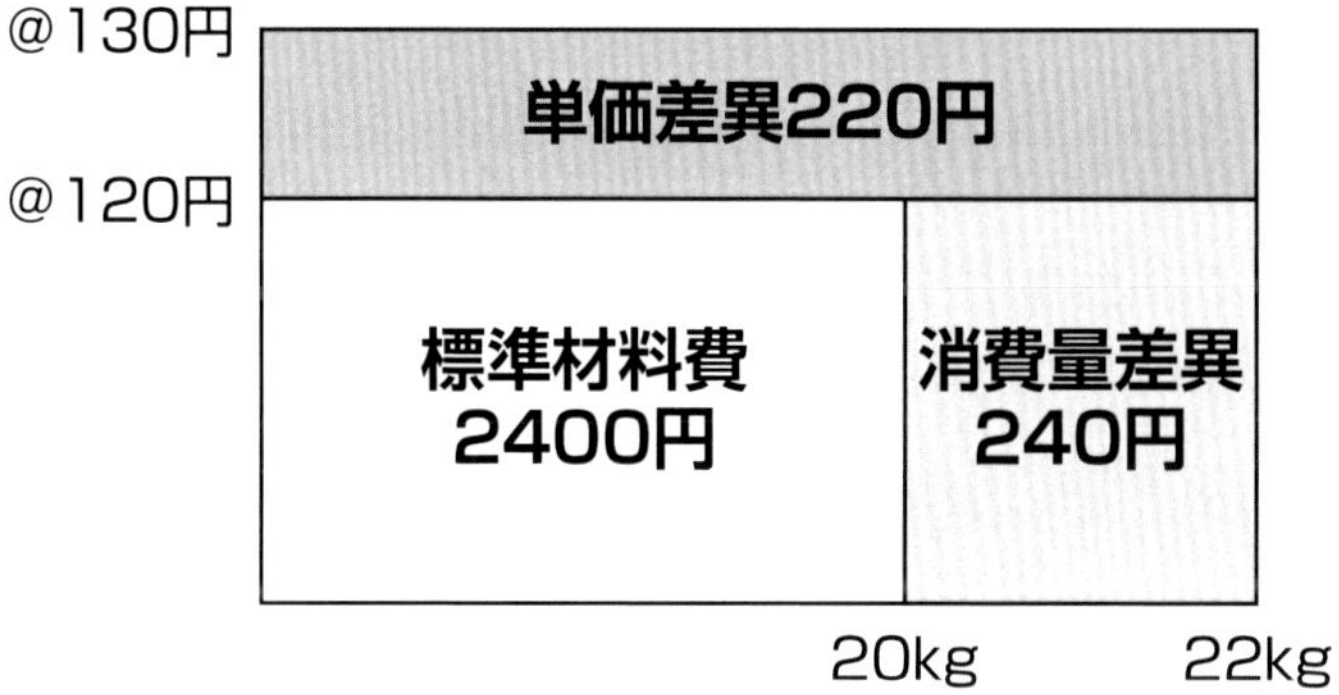

※単価差異は調達部門の責任範囲
消費量差異は消費部門の責任範囲

第25話 V字回復への行動／差異が見えれば次の手が見える

目標の達成／未達成のみならず、その原因や責任分担を分析し次に繋げます

◆原価差異は「単価の差異」と「消費量の差異」にわけるのが差異分析の定石でした。そうすれば、それぞれの差異の原因が明らかになり、

採るべき対策が見えてくるからです

◆変動費だけではなく、売上高についても「販売単価の差異／販売数量の差異」という分析ができます。売上高の単なる達成／未達成だけではなく、販売単価や販売数量の差異についても検証することで、

販売活動のどこに強み／弱みがあったか

を知ることができます。販売数量の差異は総需要の変化による差異と自社のシェアの増減による差異に分解してみましょう。シェアが下がっているなら頑張りどころを変えなければなりません。

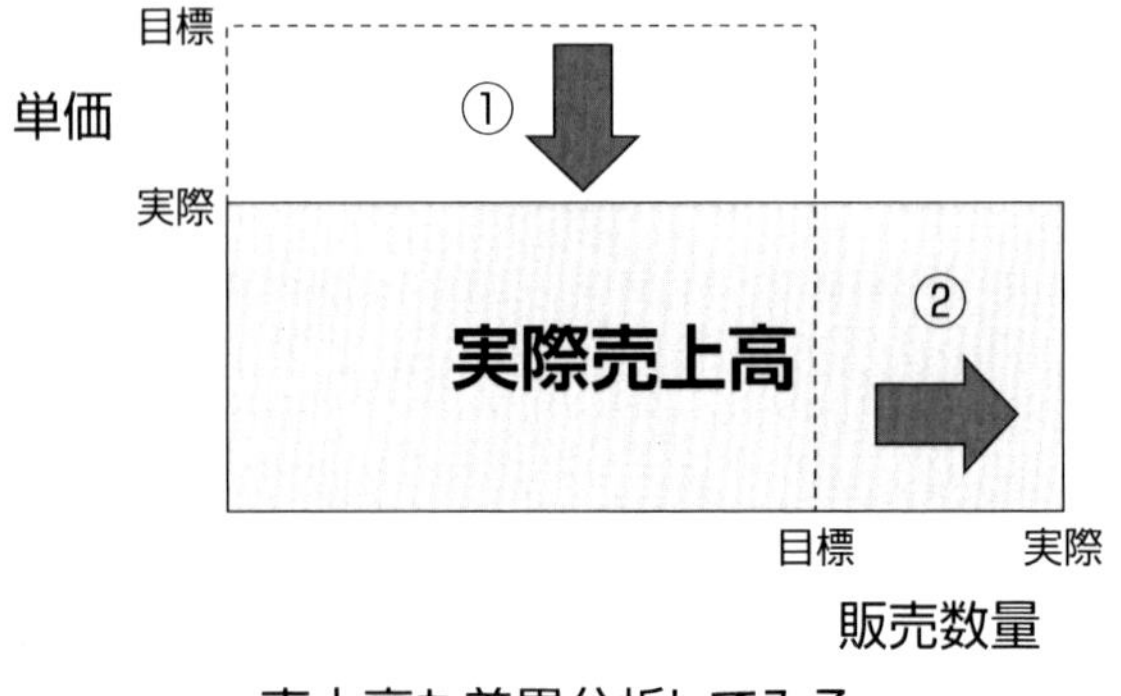

売上高も差異分析してみる

新しいアドバイス **差異分析で、伸ばすべき強味／手当てすべき弱点が見えてきます**

原価差異に対するアクション（材料費の場合）

〈購買活動のチェック〉

✔価格の変動は、適切に予測・対策されていたか？

✔為替の変動は、適切に予測・対策されていたか？

✔行き過ぎたジャストインタイム購買はなかったか？

✔そもそも実行不能な標準値ではなかったか？

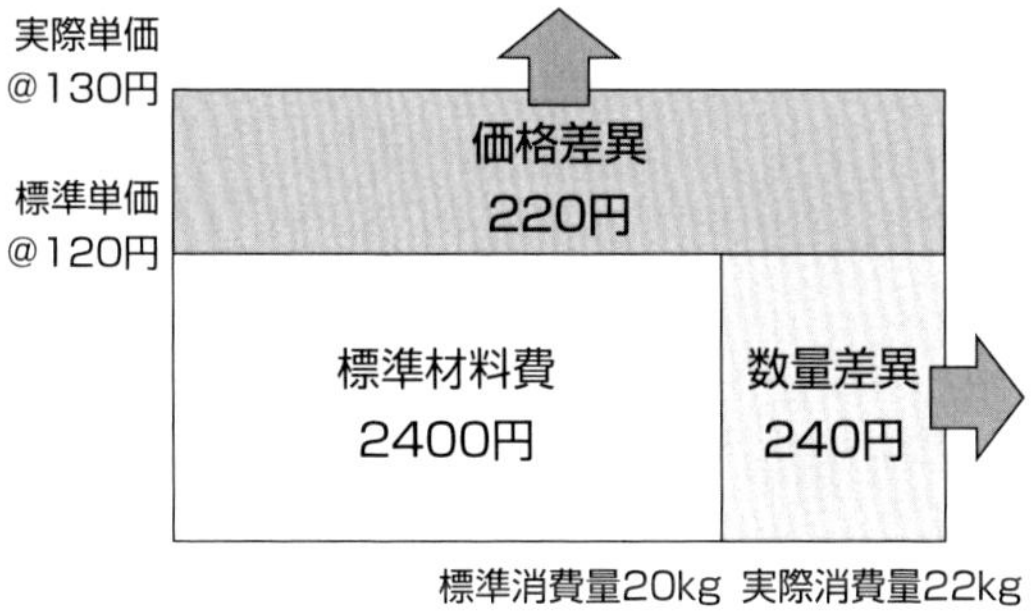

〈生産活動のチェック〉

✔装置は故障していないか？

✔装置設定は誤っていないか？

✔作業手順は誤っていないか？

✔そもそも実行不能な標準値ではなかったか？

原価差異に対するアクション（変動労務費の場合）

〈労務管理のチェック〉

✔賃率の高騰は、適切に予測・対策されていたか？

✔人材不足は、適切に予測・対策されていたか？

✔そもそも実行不能な標準値ではなかったか？

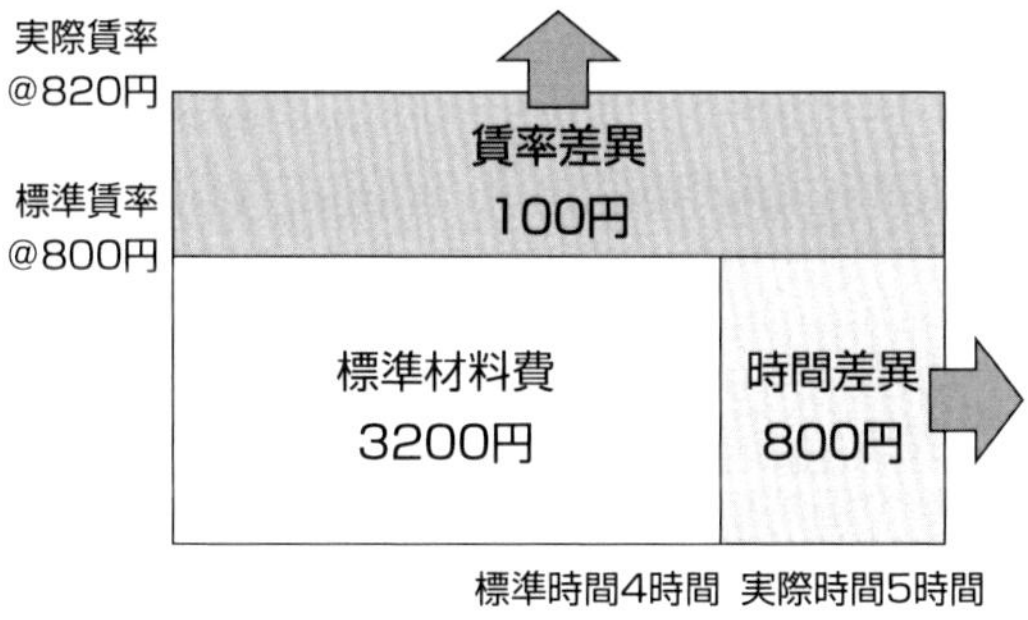

〈生産活動のチェック〉

✔装置は故障していないか？

✔装置設定は誤っていないか？

✔作業手順は誤っていないか？

✔無駄な作業はなかったか？

✔作業者の技量は十分だったか？

✔そもそも実行不能な標準値ではなかったか？

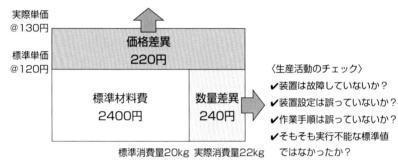

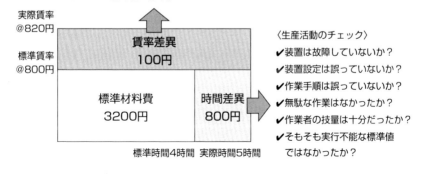

第26話 V字回復への行動／正しいコストダウンの方法を知る

コストハーフ等の大雑把な目標ではコストダウンは成功しません

◆従来の製造業の経営改善に「コストハーフ」という目標設定がありました。コストハーフを1回達成すれば50％、2回達成すれば25％になるというのは数学的な事実ではあります。

しかし、こうした大雑把な目標設定に実現性があるのか、過度の精神論に陥っていないかどうかについては、慎重に点検してみるべきでしょう。

◆日本の製造業が精神論に陥りがちだったのは原価差異が分析されていないからです。本当に本気でコストダウンを目指すなら、一律50％削減といった大雑把な目標設定ではなく、原価の内訳を把握した上で、**その一つひとつに価格差異と数量差異を認識し**きめ細かいPDCAを回していくべきなのは当然です。そうしなければ関係者は本気にならず、何をしたらよいのかも見えてこないからです。活動をふり返り対策を立てることもできません。

		1/2		1/2	
売上高	2000	⇒	2000	⇒	2000
－売上原価	2200		1100		550
＝売上総利益	▲200		900		1450

コストハーフは目標なのか？　願望なのか？

新しいアドバイス　**コストダウンを成功させるなら、原価要素別の目標を立てましょう**

原価の内訳を把握し、
コストダウンの設計図を作る

	現状		差異認識		目標達成
売上高	**2000**		**2000**		**2000**
－材料費A	**800**	3/4	**600**		**600**
－価格差異			125	→	0
－数量差異			75	→	0
－材料費B	**550**	4/5	**440**		**440**
－価格差異			90	→	0
－数量差異			20	→	0
－変動労務費	**200**	1/2	**100**		**100**
－賃率差異			60	→	0
－時間差異			40	→	0
－外注加工費	**400**	1/2	**200**		**200**
－外注加工費差異			200	→	0
－外注物流費	**150**	9/10	**135**		**135**
－外注物流費差異			15	→	0
－在庫金利	**100**	3/4	**75**		**75**
－在庫金利差異			25	→	0
＝付加価値	**▲200**		**▲200**		**450**

ガンバロウ !!

第27話 V字回復への行動／活動成果をしっかり可視化する

いつまでも手慣れた手法や活動に没頭していてはいけません

◆カイゼンは、長年日本のモノづくりを支えてきた活動であり、今日でも多くの製造業で重要な経営目標とされています。しかし近年のビジネス環境の変化により、作業カイゼンに期待できる効果が極めて小さくなっているという現実にも、私達はしっかり目を向けなければなりません。

◆会計的に見れば、作業カイゼンは変動労務費の

時間差異の認識と、それを解消する活動

だと言えます。ところが近年の製造業における売上原価構成の変化（材料費率の突出、労務費率の低下）や、製造工程における自動化・標準化の進展で、カイゼンに期待できる経済効果は小さくなりました。今、改めて全ての原価の内訳をしっかり把握した上で、新しい時代のビジネスモデルの勝負どころがどこにあるのか、手慣れたカイゼンのほかに

もっと優先すべき経営目標はないのか？

について、慎重に見極めてください。

新しいアドバイス **作業カイゼンは大切ですが、期待効果はすっかり小さくなりました**

原価内訳と差異を把握した上で、やるべきことを考える

	現状	差異認識	活動後
売上高	2000	2000	2000
ー材料費A	800	1/2 400	400
ー価格差異		325 →	325
ー数量差異		75 →	75
ー材料費B	550	1/2 275	275
ー価格差異		190 →	190
ー数量差異		85 →	85
ー変動労務費	200	1/2 100	100
ー賃率差異		60 →	60
ー時間差異		40 →	0
ー外注加工費	400	1/2 200	200
ー外注加工費差異		200 →	200
ー外注物流費	150	1/2 75	75
ー外注物流費差異		75 →	75
ー在庫金利	100	1/2 50	50
ー在庫金利差異		50 →	50
＝付加価値	▲200	▲200	▲160

この場合、従来のカイゼンに期待できる効果は40円のみ

他の差異はどうしよう？

第28話 V字回復への行動／費用の逃げ回りを防止する

費用の逃げ回りを防止しなければ、見せかけのコストダウンに陥ります

◆前回、原価の内訳を把握し、その一つひとつに差異認識することの大切さについて考えましたが、会社のコストダウン活動が成功しないことには、もう一つの深刻な理由があります。それは売上原価と販売費および一般管理費（いわゆる販管費）の区分の曖昧さです。この曖昧さを逆手にとった費用の付け替えが非常に多いのです（故意または過誤で）。コストダウンやカイゼンで立派な成果が報告されているのに

なぜか会社全体の損益は少しも改善しない

という状況があるなら、それは費用の付け替えがあるからです。

◆売上原価に配賦される固定費がある一方で配賦されない固定費があり、厳しく叩かれる変動費がある一方で野放しの変動費もある、という異常な現状の解消が急務です。全ての費用を一体管理して逃げ回りを防止しなければ、業績は永久に回復しません。

新しいアドバイス **費用の一体管理はコストダウンや業務カイゼンを成功させる大前提です**

コストダウンをしたつもり！

	現状	目標設定	目標達成！
売上高	2000	2000	2000
－売上原価	2200	1100	1100
－原価差異	－	1100	0
＝売上総利益	▲200	▲200	900

見えない

実際には、見かけだけだった…

	現状	目標設定	目標達成！
売上高	2000	2000	2000
－売上原価	2200	1100	1100
－原価差異	－	1100	0
＝売上総利益	▲200	▲200	900
－販管費	500	500	1600
＝営業利益	▲700	▲700	▲700

隠されていた部分

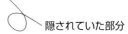

第29話

V字回復への行動／何かを目指す＝ＰＤＣＡを回す

頑張れと口で言うのは簡単ですが、実際にＰＤＣＡを回せている会社は稀です

◆コストダウン、カイゼン、赤字の解消、ビジネスの更なる拡大、生産性の改善、個人の成長、スキルアップ、事業革新…何かを目指せば必ず現状と目標の間に差異が認識されます。その差異の解消に向かって努力を積み上げていくことで目標は達成されるのです。そのプロセスは

ＰＤＣＡとしても表現できます

目指す姿を思い描き、差異を把握し、実現のために行動し、結果を振り返ることで、ビジネスの進化やヒトの成長が実現されていくのです。

◆これは当たり前のことのようですが、実際に会社の損益計算で、様々な差異を認識し、それをきちんと表現し、ＰＤＣＡを回している事例を見たことがありません。それでは結果的に何も目指していないのと同じになってしまいます。業績回復やビジネスの拡大など経営上の目標があるなら、現状との差異を認識して損益計算上で表現し

会計を使ってきちんとＰＤＣＡを回しましょう！

新しいアドバイス　**PDCA を回さなければ、同じ失敗が何度も繰り返されてしまいます**

成長…差異を認識し、その解消を目指すこと

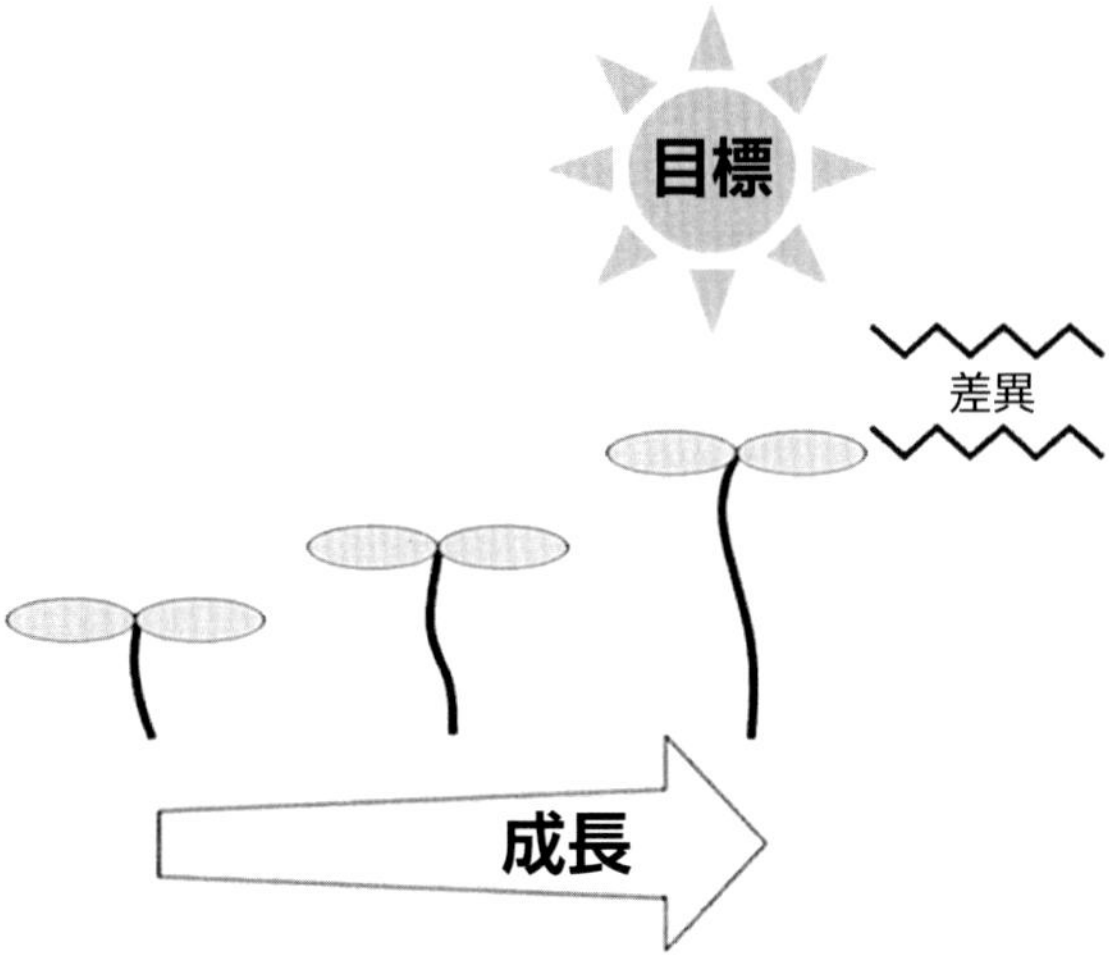

PDCAを回す

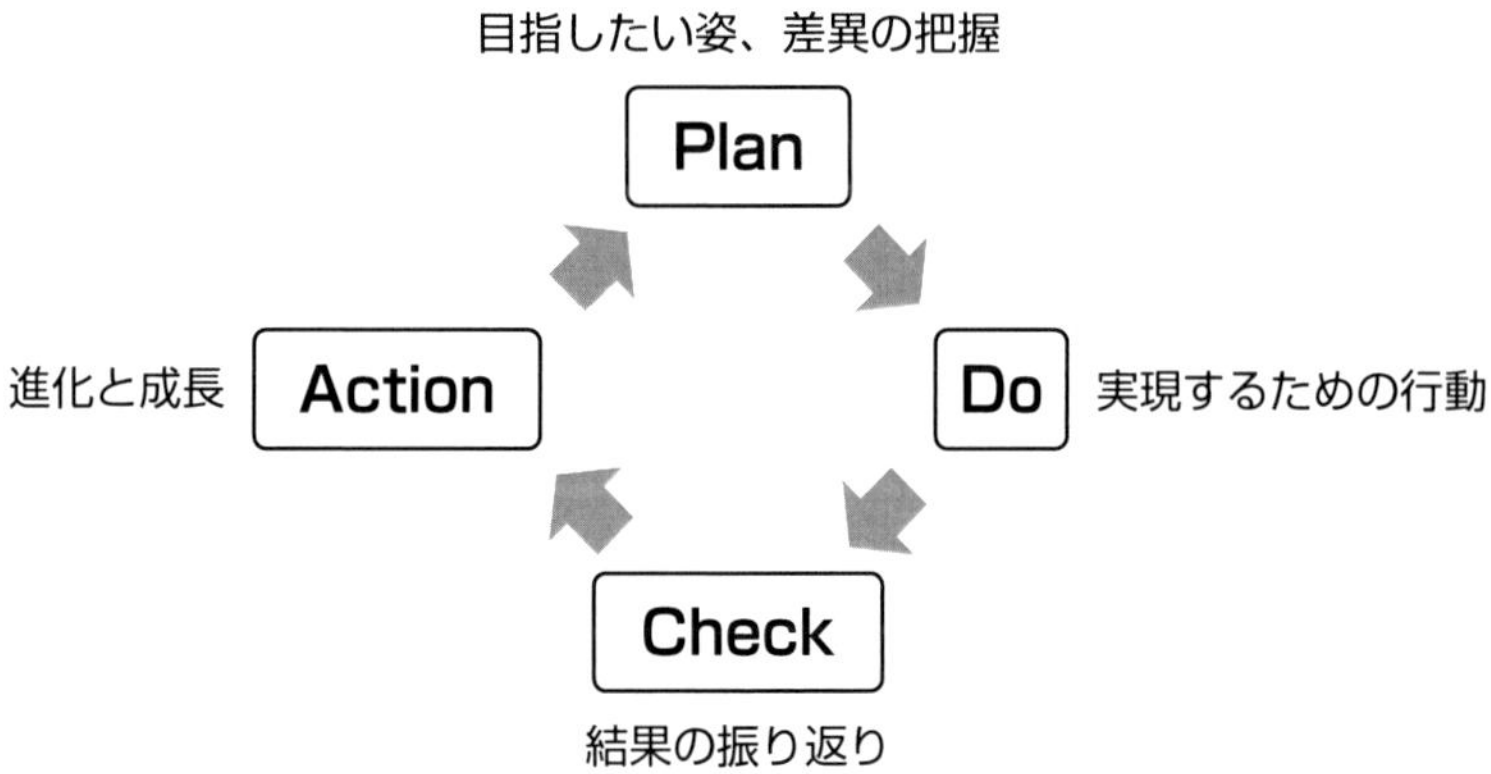

第30話

V字回復への行動／現状と目標の差異をしっかり表現

「差異がない」は「目指す目標がない」ということになりませんか？

◆従来の損益計算や原価計算にも原価差異という概念はありました。ところが、実際に損益計算書上で原価差異を開示している上場企業はほとんどないのです。「目標未達成」と言われかねない原価差異の開示には抵抗感が強いのかもしれません。しかし原価差異が表現されていないという状況は、

「目指す目標はありません」

と宣言するにも等しいことです。

◆目指す目標があるなら、現状との間に必ず差異を生じます。それを外部に開示することには抵抗感があるとしても、少なくとも内部では情報共有し、差異解消に向かうＰＤＣＡを回しましょう。

もし差異がないなら「差異＝ゼロ」と書きます

そうしなければ差異がなかったのか、そもそも差異を管理していなかったのかがわからないからです。差異を示さない経営は、目指す未来がない経営です。

新しいアドバイス
差異ゼロだったのか？　管理していなかったのか？　そこが大問題です

原価差異が表現された、極めて稀な損益計算書

売上高	345,220
売上原価	
製品期首たな卸高	5,415
当期製品仕入高	278,763
当期製品製造原価	11,121
合計	295,299
他勘定振替高	▲73
期末製品たな卸高	5,767
たな卸資産評価損	7,889
⇨ 原価差額	18,554
製品売上原価	316,048
売上総利益	29,172
販売費および一般管理費	35,421
営業利益	▲6,249

○　原価差異が表現されていることはすばらしい！！

×　でも、原価の内訳は不明

×　原価差異も原価要素別に認識されてはいない

⇩

これでは黒字化へのアクションが見えてこない

本気でやるコストダウンのヒント

一般に原価差異はＫＰＩとは認識されていないかもしれませんが、実は原価差異の管理には重要な意味があります。例えば何かを目指す時、現状と目標の間には必ず差異が認識されるはずです。差異を認識し、それを縮める努力をすることこそが何かを目指すという状態だからです。

ところで今日、日本の製造業でコストダウンに取り組んでいない会社はないでしょう。コストダウンもまた、現状と目標の差異を認識し、その差異を解消していく活動ですから、差異を認識しなければ何も始まりません。ところが奇妙なことに、現実の損益計算書で原価差異が表現されている事例は極めて稀なのです。

コストダウンは掛け声だけなのか？

せめて社内で原価差異が把握されていれば問題ないのですが、実際にコストの内訳をきちんと分析し、内訳別の原価差異をきちんと認識してＰＤＣＡを回している事例を見たことがありません。それでコストダウンが成功するはずなどなかったのです…。差異を認識することが全ての経営目標達成の出発点です。

気合いと根性の竹槍経営じゃあ、コストダウンだって成功しません！

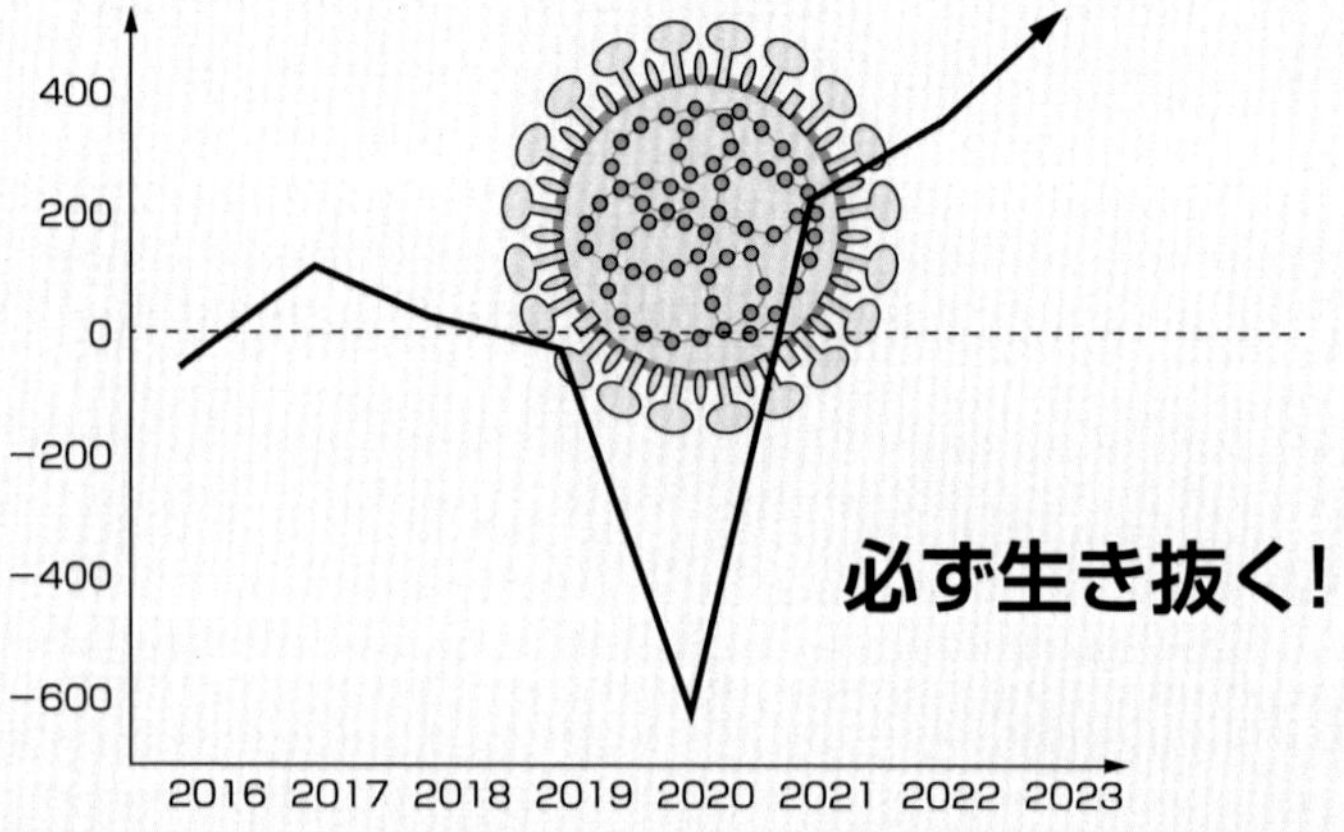

Ⅳ

生産性

―会社の基礎体力を測るKPI―

第31話

どんなKPI？／そもそも生産性って何ですか？？

作業改善や、事務職の業務改善の効果を測る重要なKPIです

◆「日本の生産性は…」「当社の生産性は…」「もっともっと生産性を高めなさい！」

昨今のテレワーク拡大で、勤務時間の長短よりは生産性が問われる時代となりました。当たり前のように使われるこの「生産性」という言葉ですが、改めて、生産性とはいったい何でしょう？　どうすれば生産性が高まっていると言えるのでしょうか？　これは案外と難しいテーマです。実は今まで生産性の定義はかなり曖昧でした。曖昧なものを

評価し改善することは不可能ですから

その定義と、ＫＰＩとしての計算方法を確認しておかなければなりません。

◆生産性とは付加価値を獲得する活動の効率の良否のことですから、その計算式は「付加価値÷○○」です。○○には生産性の評価対象となるさまざまな資源が入ります。会社なら労務費、人数、時間などが想定されるでしょう。「日本の生産性が下がった」と言われる場合の計算式は「ＧＤＰ（付加価値）÷就労人口」などですが、会社の経営効率を会計的に測定する場合の基本式は、付加価値÷固定労務費です。すなわち

生産性を知るには付加価値と労務費の金額が絶対に必要なのです

新しいアドバイス　**テレワークの時代になれば、生産性の管理を避けて通れません**

日本の生産性

$$生産性 = \frac{GDP}{就労人口}$$

（GDP＝付加価値）

会社の生産性

$$生産性 = \frac{付加価値}{○○}$$

○○ ← 労務費、人数、時間など

生産性 ← 会社全体、部門、個人

※生産性とは、付加価値を獲得する活動の効率の良否のこと

→付加価値を明らかにしなければ生産性は測定できない

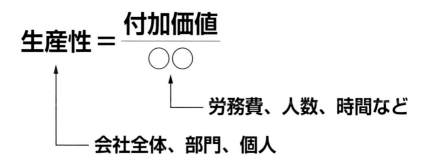

第32話

従来のKPIの限界／カイゼン不正の手口・その1

カイゼンはタダ働きの要求と化し、作業日誌の改ざんという悲劇を招いています

◆生産性を高めていく活動として、現場の自主的な活動であるカイゼンに大きな期待が寄せられました。しかし現場では以下の状況変化が起こっていることに注意してください。

✔ 売上原価に占める**労務費の割合**が顕著に小さくなった
✔ **自動化や標準化**も進み、従来型のカイゼンの余地は小さくなった
✔ 「カイゼン15％必達」といった指示をするなら、**自主的な活動**とは言えない
✔ 非正規社員に自主的活動を要求することは**コンプライアンス違反**になる
✔ 費用の付け替えや作業日誌の改ざんなど**カイゼン不正**が広がっている

◆カイゼンと同様、5Sもまた日本のモノづくりの強さを支えてきた活動として世界的に有名なものです。しかし5Sやカイゼンだけではビジネス起死回生の生産性向上は不可能です。効果の出なくなった活動には

見かけだけを取り繕う不正

が蔓延しているというのが、昨今のモノづくりの厳しい現実です。作業者だけでなくホワイトカラーや会社全体についても、生産性をどう管理していくのかが問われています。

新しいアドバイス **作業日誌ではなくタイムカードを使えば、カイゼン不正は減らせます**

カイゼンへの期待と現実

売上高	120		120
－売上原価	100	→	85
＝粗利	20		35
－販管費	25		25
＝営業利益	▲5	→	10

期待

事業の復活！

現実

WHY?

WHY?

売上高	120		120
－売上原価	100	→	98
＝粗利	20		22
－販管費	25		28
＝営業利益	▲5	→	▲6

何も良くなっていない

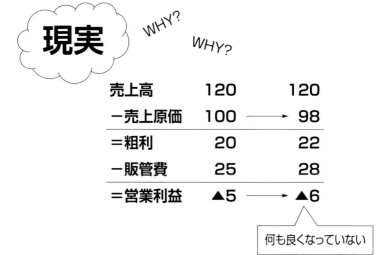

第33話

従来のKPIの限界／カイゼン不正の手口・その2

これが、標準時間では生産性を向上させられない理由です

◆生産性の改善を評価する従来の一般的な方法は、標準時間に対して実績時間がどのくらいだったかを見るものでしょう。仮に標準組立時間1台9分と見積もられた新機種の実績時間が6分だった場合、（9分−6分）÷9分＝33％生産性が向上したと評価されます。工場全体の標準時間が4380分、実績時間が3720分だったなら、（4380分−3720分）÷4380分＝15％の生産性向上が認識されることになるでしょう。しかし、標準時間（9分）が初めから甘く見積もられていたとしたら…

この15％の生産性向上は全くの幻です

現実には、標準時間が甘く見積もられていたかどうかを検証するのは困難です。残念ながらこうした状況を逆手に取った

不正な成果報告が日本中に広がっています

それが製造業全般の生産性低迷や、私たち自身の所得水準の低下に繋がっているのです。

◆更にもうひとつの標準時間に基づいた生産性評価の限界は、そもそも標準時間を持たない活動（例えばホワイトカラーの活動）の評価ができないことです。

新しいアドバイス **標準時間は社内の勝手な目標なので、生産性の指標になりません**

水増しされたカイゼン

〈期首の計画〉

標準時間		生産台数	生産時間
従来機種	5分	480台	2400分
新機種	9分	220台	1980分
		合計	4380分

〈期末の実績〉

標準時間		生産台数	生産時間
従来機種	5分	480台	2400分
新機種	6分	220台	1320分
		合計	3720分

生産性の評価

$$\frac{(4380分-3720分)}{4380分}=15\%$$

第34話

従来のKPIの限界／付加価値生産性が見えない！

標準時間では生産性を向上できない更に深刻で本質的な理由があります

◆標準時間で生産性の管理をすると、達成容易な生産計画を組むため、あるいはカイゼン成果を演出するため、甘めの設定をする誘惑に駆られます。しかし…実は標準時間では生産性を評価できないもっと本質的な理由があります。例えば、ある製品の組立時間が10分⇒8分に短縮できた場合（不正ではなく本当の短縮です！）、従来の評価では20％の生産性向上があったと評価されるでしょう。しかしこの時、製品1台当たりの付加価値が1000円から800円に低下していたら

生産性は改善していません

事業競争力の観点に立てば、こちらこそが真実です。すなわち、付加価値を見なければ生産性は評価できないのです。

◆この事例からわかるのは、本当の生産性評価に標準時間[※]は必要ないということです。必要なのは付加価値です。付加価値に基づいた正しい指標がなければ、関係者の努力が

正しい方向に向かっているのか否かがわかりません

（※）生産計画を立てるには標準時間が必要ですが、それで生産性を評価しないということです。

新しいアドバイス　**生産性を評価するなら、まず付加価値を明らかにしなければなりません**

従来の生産性評価（標準時間）

組立時間	10分	➡	8分

生産性向上

（10－8）÷10＝20％

本当に向上？

あるべき生産性評価（付加価値生産性）

組立時間	10分	➡	8分
付加価値	1000円	➡	800円
生産性	100円/分		100円/分

生産性向上

（100－100）÷100＝0％

これが現実

第35話 従来のKPIの限界／ホワイトカラーを評価できない！

もはやブルーカラー・ホワイトカラーという区分は意味を失いました

◆ある工場でこんな冊子（カイゼン手帳）が配られていました。曰く、

> **「カイゼンの心は人間尊重。人間尊重とは作業者の人生をムダにせず1分1秒まで製品にすることである」**

しかし今日、ひたすら造るのはロボットや自動機の役目です。それでも引き続きヒトが必要なのは、日々の作業の中からイノベーションのヒントを見つけ、新たな価値を創造していくためです。その意味で、作業者（ブルーワーカー）と非作業者（ホワイトワーカー）という区分は全く意味を失いました。今や全員がホワイトカラーとしてイノベーションに取り組む時代です。それが21世紀の競争力の源泉なのです。

◆イノベーションの前提は人材です。そして主体的な人材を育成するには一定の資源（ムダ時間や予算など）を任せてみなければなりません。この際の重要ポイントが生産性の測定です。なぜなら必要に応じ指導や支援をしなければならないからです。しかし従来の経営管理では付加価値がわからず、ホワイトカラーの生産性が全く測定できませんでした。

新しいアドバイス　**パワハラやムダ取りからはイノベーションは生まれません**

ブルーカラーの２極化

目標はコストダウン

ひたすら**「造る」**
次第に、自動機、ロボット、AIへ移行する

$$生産性=\frac{標準時間-実際時間}{標準時間}$$

単純作業者化

「作る」を担う作業者
ブルーカラー

ホワイトカラー化

$$生産性=\frac{付加価値}{資源}$$

生産性を管理されない

「作る」を管理する
ホワイトカラー

新たな価値を**「創る」**
社会の役に立つミッションの創出（売上）
効率的な仕組みの創出（コスト）
（売上－コスト＝付加価値）

20世紀の世界
（叩かれる人／叩く人）

21世紀の世界
（全員で価値を創造）

今、必要なのはイノベーション

第36話 従来のKPIの限界／現実を見ないゆえの悲劇！

悲劇は、もう終わらせましょう。私たちにはもっとできることがあります

◆時代の流れは「作る」から「創る」へと移り、工場内だけではなくサプライチェーン全体で新たな価値創造に取り組むべき時代になりました。新しい勝負どころは工場の外にあります。それにも拘わらず「作る」時代の管理から卒業できない日本のモノづくりは、実行不能な作業時間の短縮を工場に要求し、カイゼン不正の悲劇が広がっていきました。

「人の命を預かる製品なのですが、本当の完成の一か月前に完成検査を済ませ、カイゼンも順調だったと報告しておきました」

◆その他にも、見かけだけの在庫削減などが不正を日常の光景にしています。それが会計不正や検査不正の入口になり、結果的にイノベーションの破壊や付加価値の喪失など

取り返しのつかないダメージ

を事業に与えているのです。万事、手詰まり感が強い日本の製造業ですが、新しい勝負所は…実は無限に広がっているのです！　それに気づくためには、事業の付加価値に向き合う正しいＫＰＩが絶対不可欠です。

新しいアドバイス　見かけを取り繕う行動が、不正の入口にならないようにしましょう

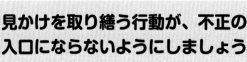

生産性が良くなったように装う抜け道

- ✔ 作業日誌を付けない[※1]
- ✔ 一部の作業日誌を捨ててしまう[※1]
- ✔ 直接作業を間接作業だと主張する[※2]
- ✔ 自動化（作業者が生産技術者に置き換わる）[※2]
- ✔ 原価の販管費への付替え（特に新製品開発）[※2]
- ✔ 固定費配賦の操作[※2]
- ✔ 目標の標準時間を故意に甘くしておく[※3]
- ✔ 作業者をスケープゴードにしてホワイトカラーは管理されない[※2]

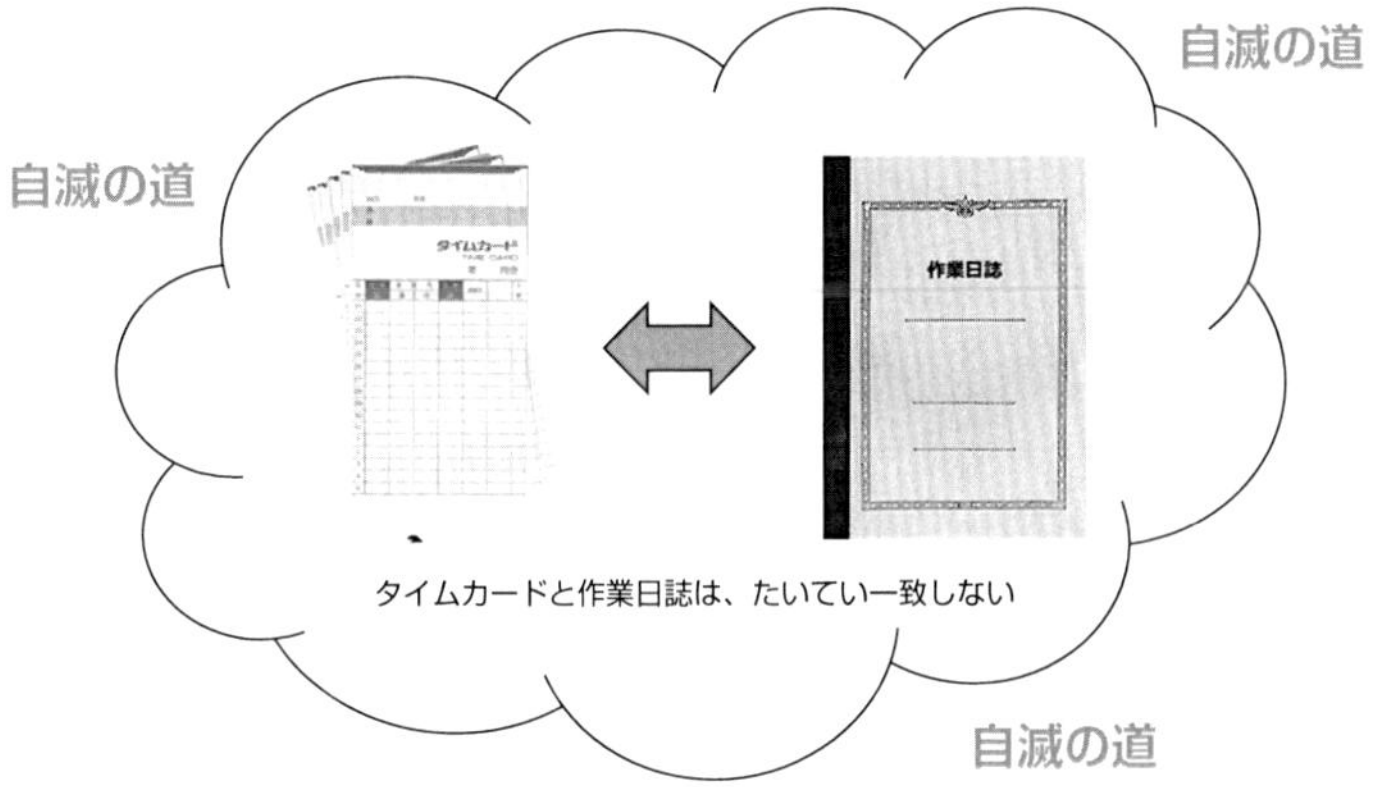

〈参考〉

※1 タイムカードと突合していれば、問題は生じません

※2 会社全体の費用を一体管理すれば、問題は生じません

※3 新しい評価方法を使えば、問題は生じません

見えないものとは戦えない

コストダウンや生産性向上に取り組んでいない製造業はありません。しかし、多くの製造業がコストの内訳や、原価差異や、生産性の評価に必要な付加価値を明確にしてこなかったという厳しい現実もあります。

＊＊＊＊＊＊＊＊＊＊＊＊＊＊＊＊＊＊＊＊＊＊＊＊＊＊＊＊

ある会社で生産性向上400％達成のお祝いがありましたが、400％の生産性向上という状況がどうしてもイメージできません。少し調べると、生産性の計算方法に誤りがあったことがわかりました。成果には実態がなかったのです。責任者にその旨を告げると、「計算方法などに興味ありません。生産性が向上したという報告が上がってくれば、それで十分です」

＊＊＊＊＊＊＊＊＊＊＊＊＊＊＊＊＊＊＊＊＊＊＊＊＊＊＊＊

閉鎖される噂もあった事業所で、起死回生のコストダウン活動が行われました。そして全ての参加チームから30％を超える原価改善の達成という華々しい成果が報告されたのです。しかし、遂にその効果が損益に表れることがなかったのは不思議でした。翌年、事業所は閉鎖されました。

＊＊＊＊＊＊＊＊＊＊＊＊＊＊＊＊＊＊＊＊＊＊＊＊＊＊＊＊

新しい生産設備を導入しました。管理がしやすいようにと名称を考え固定資産登録をすると何故か上司に叱られました。「固定資産の名称などというものは、なるべく曖昧にしておくものだ。そうすればいざという時、原価を操作して利益を捻出できる。君も管理職なら少しは頭を使いなさい」

＊＊＊＊＊＊＊＊＊＊＊＊＊＊＊＊＊＊＊＊＊＊＊＊＊＊

新任の工場で、配電盤の中に製品の部材が隠してあるのを見つけました。担当を呼んで事情を聴くと、「今まで在庫を持つと叱られていました。でも手持ち在庫が少しはないとどうしても生産が間に合わなくなる時があるのです。それで材料を隠していました」うつむく担当者に感電の危険があることを説明し、必要な在庫があるなら申請するように伝えました。

＊＊＊＊＊＊＊＊＊＊＊＊＊＊＊＊＊＊＊＊＊＊

何でも白日の下に晒せばよいと思うわけではありません。外部に開示できる数字と開示できない数字はあるでしょう。しかし少なくとも内部では赤裸々な現実を把握し経営上の課題に適切に手当てしていかなければ、厳しい危機を乗り越え生き抜くことはできません。多くの製造業が事業の会計的実態を明らかにしてこなかったという現実は、日本に手付かずの可能性がまだまだ残されているという意味で、明日の希望でもあります。

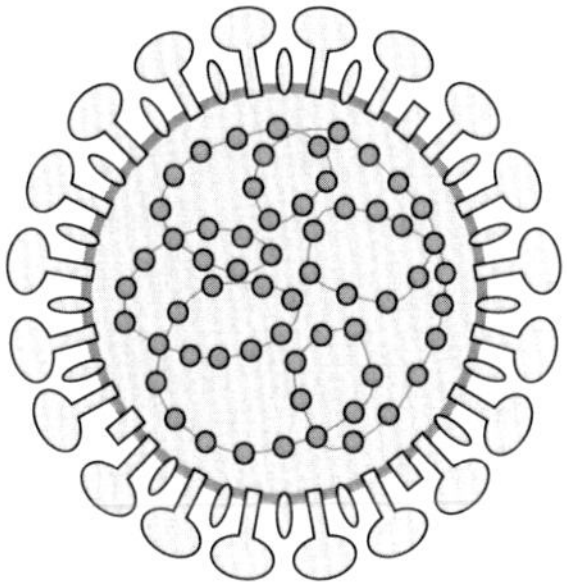

第37話 V字回復への行動／変動費はコスト、固定費は資源

これからはブルーカラーかホワイトカラーかではなく、コストか資源かこそが大切

◆従来のブルーカラー、ホワイトカラーという区別は意味を失いました。今後重要なのはコスト（変動費）として位置づけられる労務費なのか、資源（固定費）として位置づけられる労務費なのかです。真に生産性を向上していくためには、まず変動費と固定費の管理目標の違いを

しっかり理解しておかなければなりません

「変動費」は売上高の増減に比例して増減する費用です。なぜ売上高の増減に比例して増減するかと言えば、会社の外部から必要な都度調達され消費される費用（コスト）だからです。当然、その管理目標はコストダウン（なるべく使わない）です。

◆他方、「固定費」は最初から会社の内部に存在する経営資源ですから、コストダウンの対象ではありません。ただしそれは常に生産性を問われる存在でもあります（しっかり使う）。生産性が向上しないなら手放され処分されることもあります。資源が担う生産性向上への責任は単なるコストダウンの責任より遥かに重いのです。このように管理目標が異なる

変動費と固定費は、必ずわけましょう！

新しいアドバイス　統制方法が異なるものを混ぜたら管理に失敗するのは当然です

変動費 vs 固定費

〈変動費〉

管理目標	標準値の遵守、コストダウン（なるべく使わない）
統制方法	毎日の差異の管理（標準 vs 実際）、ムダ取り

まぜるな
危険

〈固定費〉

管理目標	資源を育てる、生産性向上（しっかり使い切る）
統制方法	毎月の生産性管理（付加価値÷固定労務費）

第38話 V字回復への行動／カイゼン不正の悲劇を終わらせる

厳しい現実ではあっても、付加価値にしっかり向き合いましょう

◆今日、日本の生産性は先進国で最下位です。生産性低迷の原因の一つは製造業の元気のなさでしょう。元気を失った製造業の生産性を回復するには、①付加価値と、②固定労務費を明確化しなければなりません。「生産性＝付加価値÷固定労務費」だからです。生産性の評価対象は会社全体、部門、個人などです。生産性がわからなければ、事業活動のどこに問題があるのかわかりません。何を指導し、誰を支援すべきかもわかりません。

◆しかし従来の損益計算では付加価値が読み取れませんでした。固定労務費についても、配賦によって売上原価～販管費～在庫の間を逃げ回り、捉えどころがありません。本当に本気で、生産性向上を目指すなら

付加価値や固定費全体の明確化

を避けては通れないはずです。

新しいアドバイス
生産性が不明なら、誰を誉め、誰を支援すべきかもわかりません

付加価値が見える化された損益計算の例

売上高	1000
－材料費（コスト）	750
－変動労務費（コスト）	100
－外注加工費（コスト）	50
＝付加価値	100
－固定労務費（ヒト）	20
－設備投資（モノ）	30
－資本コスト（カネ）	20
＝残余利益	30

$$\text{生産性} = \frac{\text{付加価値}}{\text{固定労務費}} = \frac{100}{20} = 5\text{倍}$$

第39話 V字回復への行動／新しい生産性評価の指標2つ

今日のムダが全くなければ、明日の価値創造などありえません

◆生産性の評価が付加価値を軸にしたものに変わる時、作業者の管理も変わってくることになります。固定労務費を負う作業者（資源）は、「作る」と「創る」の両方で生産性向上を求められます。経営資源としての作業者は、まず労務費生産性を問われるべきです。労務費生産性が良ければ評価は「良い」ですが、悪かった場合には時間生産性を問いましょう。もし稼いだ付加価値が半分になってしまっても、生産時間も半分にできていたら作業者は

それなりにベストを尽くしたと言えるからです

評価に使う生産時間は、タイムカードで把握した総勤務時間から間接業務を控除した残りです。控除が認定されるのは、教育や安全、技術や製品開発への協力など、新しい価値創造に関わった時間です。あらかじめ話し合って何が認定されるか決めておきましょう。

◆これら二つの生産性KPIを通じて求められるのは、

①「作る」の生産性を向上させ、手待ち時間を作り出すこと
②その手待ち時間を有効な「創る」に振り向けること

の2点です。手待ちがなければ新たな価値創出などできないことに注意しましょう。

新しいアドバイス　**「作る」から「創る」が生み出されていく…そんな仕組みが大切です**

生産性の評価フロー（労務費生産性と時間生産性）

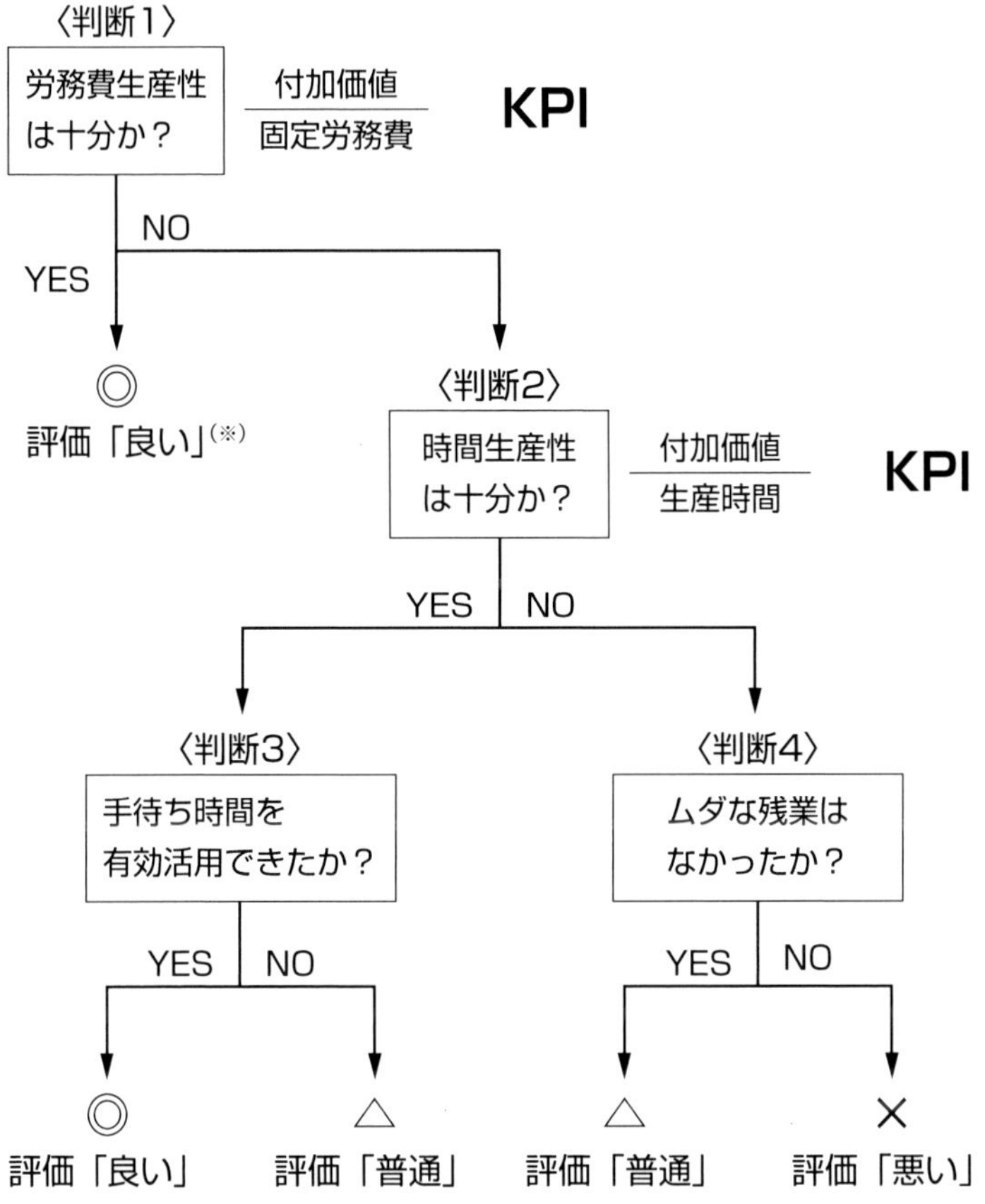

（※）この場合は、作業者に手待ちやムダ時間があったかどうかを問う必要は必ずしもありません。

第40話

V字回復への行動／「作る」から「創る」が生まれる

「創る」人材を育成できなければテレワークの時代を生き残れません

◆これからの製造業は、「モノを造る業務」と「価値を創る業務」に分化していくでしょう。造る業務は、いずれ自動機やロボットやＡＩに置き換えられてしまう運命の業務ですが、その遂行が新しい価値創造へのヒントを提供してくれる活動でもあります。

◆他方、価値を創る業務は、その人でなければならない固有の価値を伴い、イノベーションを目指す業務です。新製品やサービスの開発、優れた接客、効率的なサプライチェーンの整備、事務処理の新しい仕組みづくり等々。イノベーションにシフトできなければ日本の産業は滅びます。ですから全ての関係者が

「造る」に埋没していてはいけません

良いイノベーションは強制からは生まれません。ノルマや標準時間でも管理できません。イノベーションの成功には自主的な人材の育成が絶対に必要なのです。人材を育てるには、ムダを全て取り上げるのではなく、有望な人材に一定の時間や予算を任せてみなければなりません。その成果や成長を確認するための生産性モニタリングや支援の仕組みも同時に必要です。

新しいアドバイス

時間と予算を任せなければ、自主的で創造的な人材は育ちません

「作る」と「創る」の繋がり

今日のムダから、明日が生まれる

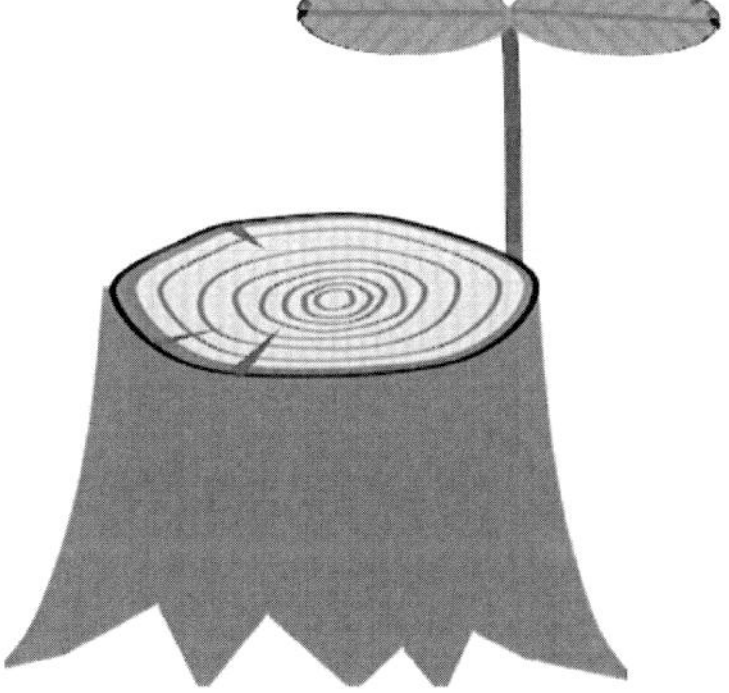

ホワイトカラーに、本気になってもらうためのヒント

おそらく「生産性」という言葉を知らない人はいないでしょう。私たちはいつも「生産性を向上しろ」と言われ続けています。しかしながら、それならどうすれば生産性は向上するのか？　生産性が向上したことをどうすれば測れるのか？　を説明できる人は案外と少ないのではないでしょうか。「標準時間に対する実績時間の短縮」というのは一つの答えですが、それなら適切な標準時間はどうやったら決められるのか？

今日、日本中に標準時間の水増しによるカイゼン不正が溢れています。実は、生産性を求めるには、稼ぎ出した付加価値を明らかにしなければなりません。非定型業務に従事するホワイトカラーなら、なおさらです。

付加価値÷○○

が生産性の定義です。日本の生産性なら、日本全体の付加価値（GDP）を日本の就労人口で除して求めます。残念ながら今日の日本の生産性は先進国最下位で、日本は先進国グループから脱落しつつあります。

これは所得水準の低下に直結する深刻な問題ですが、それが危機感をもって受け止められてこなかったのは、従来のKPIや会社の活動が、付加価値という真実に真摯に向き合っていないからでしょう。

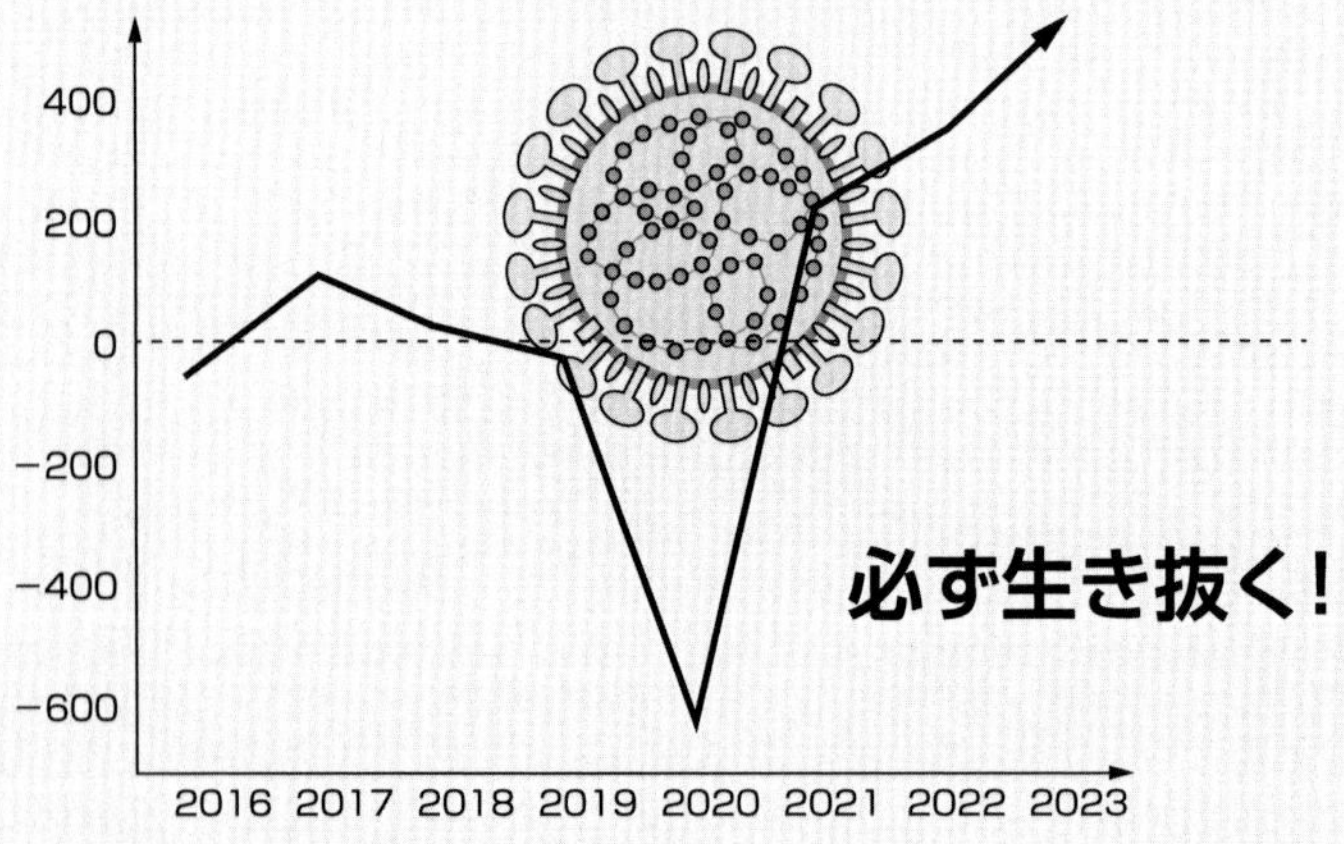

V

在庫回転数

—経営にムダがないことを示すKPI—

第41話

どんなKPI？／在庫回転数って何ですか？？

資金運用にムダがないことを示す伝統的なKPIです

◆経営効率の良否を示すKPIの代表が在庫回転数です。このKPIは「売上高÷在庫高」で計算され、回転数が高いほど

少ない運転資金で効率的な経営

が行われていると評価されてきました。

◆在庫回転数は何かと比較し、数値が高ければ「良い」という判断です。例えば100億円の売上を200億円の在庫で達成した会社と100億円の在庫で達成した会社があった場合、100億円の在庫で達成した会社の方がムダのない経営という評価になります。仮に同じ売上を10億円の在庫で達成した会社があれば、更にムダのない経営だったと評価されるでしょう。しかしそこに

大きな矛盾と新たな経営改善の余地

があったことは、あまり知られていないようです。

ケース1	100億円÷200億円＝0.5回転	効率が悪い
ケース2	100億円÷100億円＝ 1回転	効率が良い
ケース3	100億円÷ 10億円＝10回転	さらに良い

新しいアドバイス

在庫回転数が速いほど効率的経営だと言われますが、本当でしょうか？

在庫回転数の計算

$$\text{在庫回転数} = \frac{\text{売上高}}{\text{在庫高}}$$

$$\frac{\text{売上高}}{\text{在庫高}} = \frac{100\text{億円}}{200\text{億円}} = 0.5\text{回転}$$

経営効率が良い

$$\frac{\text{売上高}}{\text{在庫高}} = \frac{100\text{億円}}{100\text{億円}} = 1\text{回転}$$

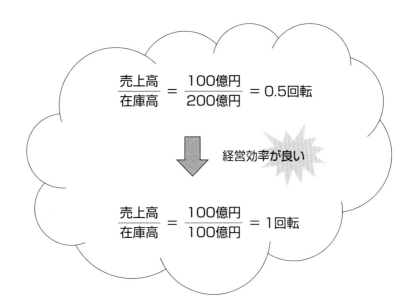

第42話

どんなKPI？／在庫回転数の計算方法

損益計算書と貸借対照表から数値を拾って計算します

◆従来の在庫回転数の計算手順は以下の通りです。まず損益計算書（P／L）から売上高を読み取ります。更に貸借対照表（B／S）で期末日の在庫高を読み取ります。ここでいう在庫高とは一般に、

「製品＋仕掛品＋材料」の有り高の合計です

売上高と在庫高を読み取ったら在庫回転数を計算します。

◆在庫回転数は何かと比較することで良否の判断をするものですから、自社の過去の数値や他の会社の数値との比較を行いながら

少しでも高い回転数を目指すのが通例です

P/Lの売上高

200億円

B/Sの在庫高

材料の在り高	50億円
仕掛品の在り高	20億円
製品の在り高	30億円
合計	100億円

在庫回転数＝200億円÷100億円＝2回転

新しいアドバイス　**P/L は一定期間の成績ですが、B/S は期末日だけの状況を示します**

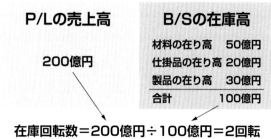

回転数の計算に使う数字…損益計算書（P/L）

＊＊01年4月1日～＊＊02年3月31

売上高	200億円
－売上原価	120億円
＝粗利	80億円
－販売費および一般管理費	72億円
＝営業利益	8億円
－営業外費用	3億円
＝経常利益	5億円

回転数の計算に使う数字…貸借対照表（B/S）

＊＊02年3月31

流動資産		流動負債	
現金預金	40億円	買入債務	60億円
売上債権	100億円	短期借入金	100億円
製品	30億円		
仕掛品	20億円	固定負債	
材料	50億円	長期借入金	90億円
固定資産		純資産	
土地	130億円	資本金	100億円
建物	80億円	資本剰余金	50億円
機械装置	50億円	利益剰余金	100億円

第43話

従来のKPIの限界／棚卸日だけ減らせばよい？

在庫削減の本質を理解せず
棚卸回数だけを増やせば、
結果は更に悲惨です

◆在庫回転数は損益計算書（P／L）の売上高と貸借対照表（B／S）の在庫高で計算されるものでした。この在庫高は一般に貸借対照表上の在庫高（期末の棚卸日の在庫高）を使いますが、前期末と当期末の貸借対照表を使って「平均在庫高」と呼ばれるものを求めて使うこともあります。

◆しかし、こうした計算方法が貸借対照表（B／S）に記載される

棚卸日だけ在庫を削減すればよい

という短絡的発想にも結びつきがちでした。言うまでもないことですが、棚卸日だけの削減では資金運用効率の改善は期待できません。

P/Lの売上高	B/Sの在庫高	
200億円	前期末の在庫	80億円
	当期末の在庫	100億円
	平均在庫	90億円

在庫回転数＝200億円÷90億円＝2.2回転

新しいアドバイス

本気で経営効率の改善を目指すなら、在庫管理も通年やるべきです

実際の在庫の動き（四半期決算の場合）

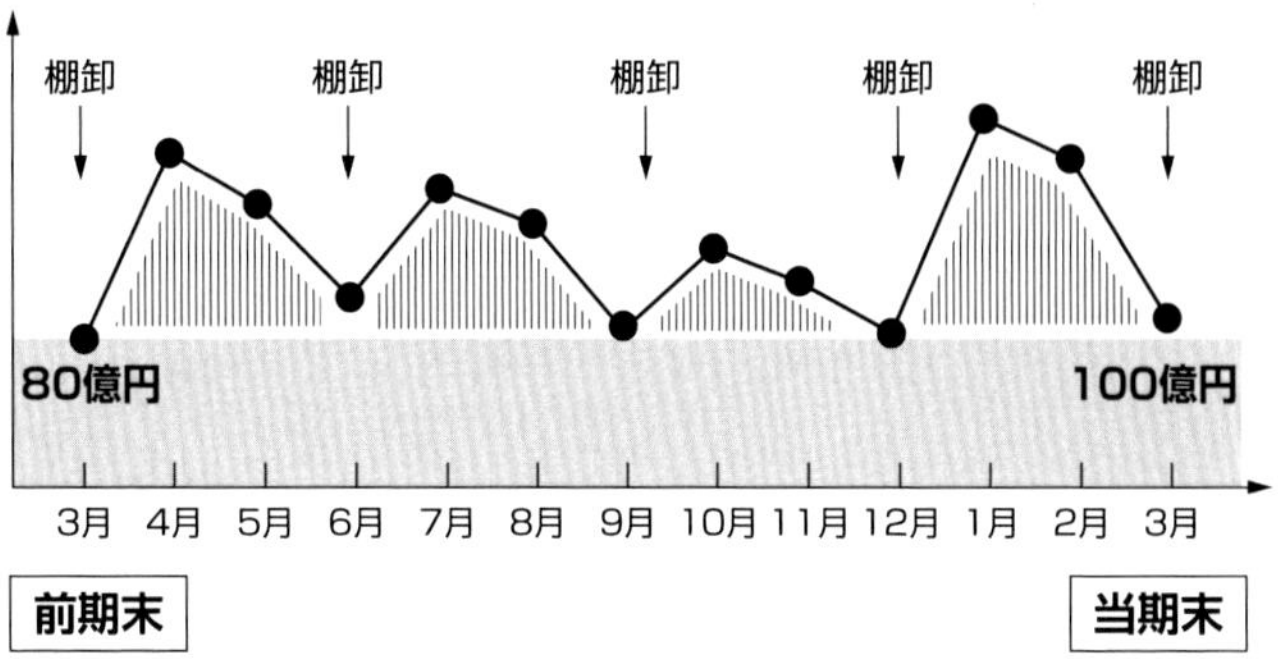

B/Sの在庫高

	01年3月31日		02年3月31日	
流動資産				
現金預金	30億円		40億円	
売上債権	90億円		100億円	
製品	25億円		30億円	
仕掛品	20億円	80億円	20億円	100億円
材料	35億円		50億円	

見かけの平均在庫
90億円

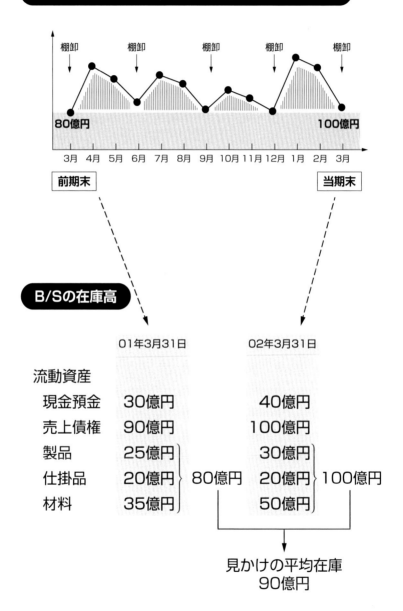

第44話

従来のKPIの限界／棚卸日に繰り返される大混乱

日常の光景になってしまった棚卸の混乱は、実はとても異常なことです

◆従来の在庫回転数を使い続けると起こる問題は以下の通りです。

✔ 棚卸日だけ減らすという行動 ⇓ 事業活動を**著しく混乱**させる

✔ 実態としての在庫が減らない ⇓ **真の経営改善**につながらない

✔ 在庫の実力を示していない ⇓ **経営状態の評価**にならない

✔ 棚卸日だけ減らすという姿勢 ⇓ 様々な**不正の入口**になる

✔ 手を付け易い正常在庫を削減 ⇓ 翌期首は**不良在庫の山**になる

期末日と期末日以外の在庫高の差は、管理者と現場のコミュニケーションが失敗していることを示唆しているとも言えます（本音vs建て前）。

棚卸日だけ在庫を減らすという行動は有害です

◆きちんと在庫を管理するなら電子棚卸を併用しましょう。毎夕、その日の取引が終了した時点で在庫管理システムを閉じ、在庫高を出力します。年間の営業日数が250日なら250日分の出力値を合計し、

それを250日で割った数値が本当の平均在庫高です

新しいアドバイス

通年での在庫管理をするには、電子棚卸の併用が必要です

実地棚卸と電子棚卸

実地棚卸(※)

方法：紙と鉛筆で行い、在庫現物を実際に数える
目的：在庫管理システム上の在庫と現物の差異を把握する
時期：期末日（半期末、四半期末）に実施する

$$\text{従来の在庫回転数} = \frac{\text{売上高}}{\text{期末日の在庫高}}$$

電子棚卸

方法：在庫管理システムから在庫額を出力する
目的：事業戦略に沿った在庫管理と経営効率の改善
時期：全営業日の毎夕に実施し、平均在庫も求める

$$\text{あるべき在庫回転数} = \frac{\text{売上高}}{\text{本当の平均在庫高}}$$

(※)

棚卸1回あたりの混乱が前後一週間なら、年4回の棚卸で8週間（年15%）、毎月の棚卸で24週間（年46%）もの期間、正常な事業活動ができていないことになります。

第45話

V字回復への行動／不正直指数をゼロにする

不正直指数は、経営改善活動の適切な実践を示す新しいKPIです

◆毎日、電子棚卸をすれば本当の平均在庫がわかります。この在庫高こそ経営改善の出発点になるべき在庫高の実力値です。見せかけと本当の差が大きい場合は、原因を調べて対策しなければなりません。

✔ 回転数が上げられないビジネス上の**理由がある**のではないか？

✔ そもそもの目標設定が、**不合理なもの**ではなかったか？

回転数は高いほど良いとされ、適正値がないために無限の上昇を目指さなければなりませんでした。それゆえに現実と合わない目標設定につながりやすかったのです。

◆見せかけを取り繕うためだけに、無理な生産抑止や投げ売り、翌期首の在庫切れ等の弊害が起きています。現場には、在庫削減をやる理由すら説明できない関係者があふれています。見せかけと本当の平均在庫の差から**不正直指数**（**Dishonesty Index**）を計算してみてください。「不正直指数＝ゼロ」なら、真の経営改善が力強く行われていることを確信できます。それを株主にアピールすることもできます。

平均在庫		在庫回転数
見せかけ	90億円	200億円÷90億円＝2.3回転
本当	130億円	200億円÷130億円＝1.5回転

新しいアドバイス

不正直指数がゼロでなければ、在庫回転数の管理は無意味です

不正直指数をゼロにする

〈見せかけの平均在庫〉…90億円

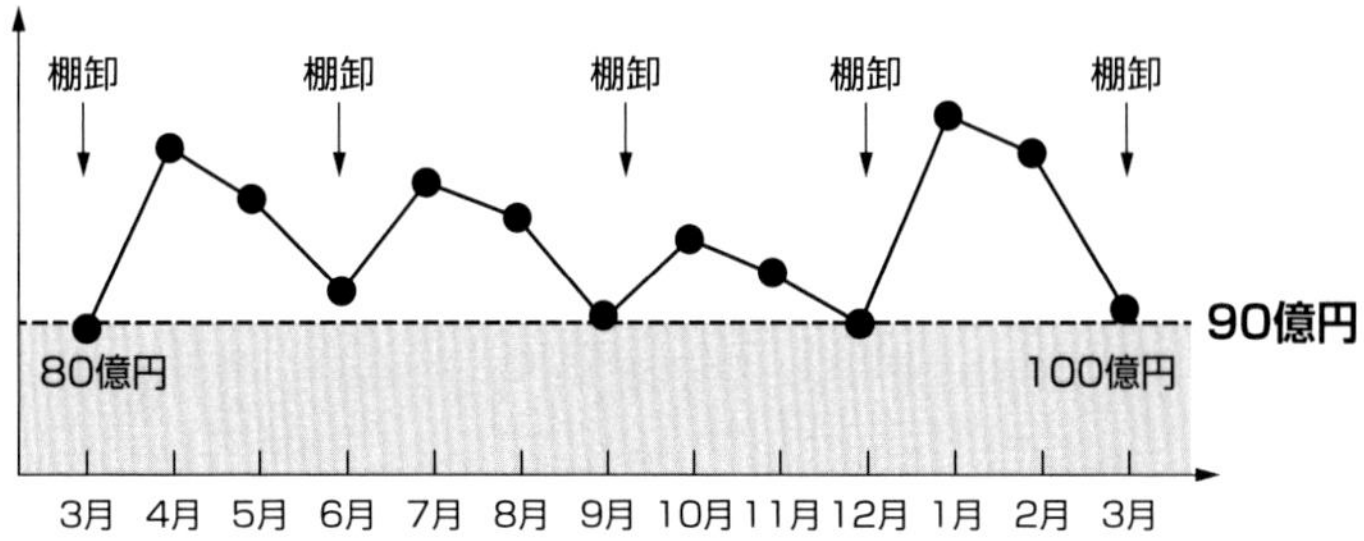

〈本当の平均在庫〉…130億円

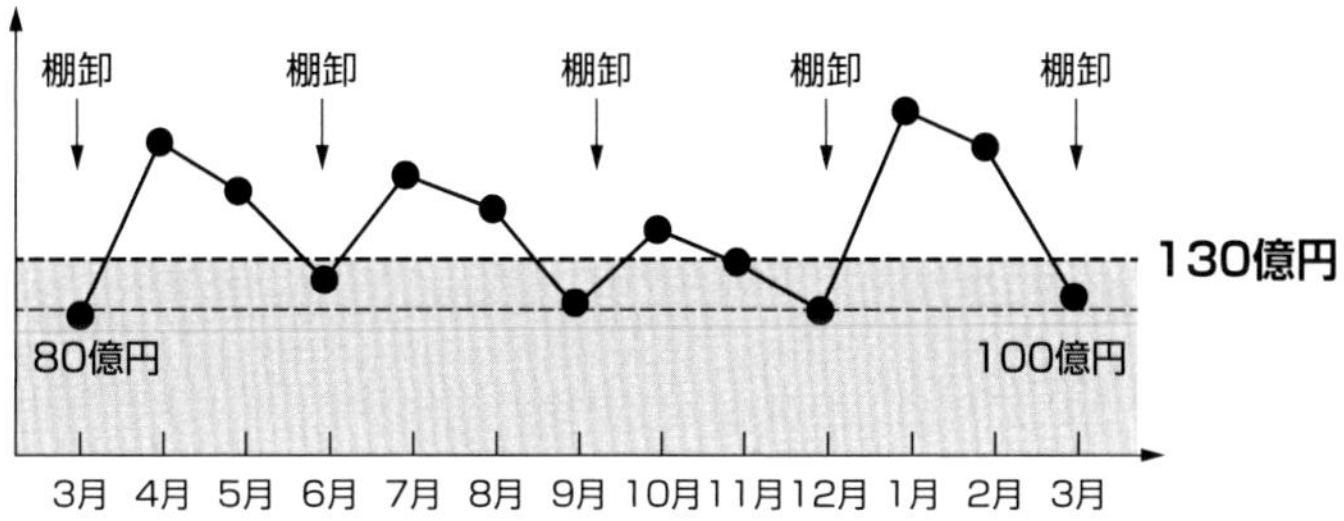

不正直指数
＝（本当－見せかけ）÷本当
＝（130－90）÷130
＝31%

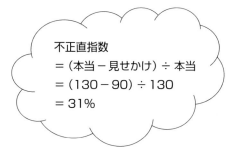

第46話 V字回復への行動／サプライチェーン全体の管理へ

経営効率はサプライチェーン全体で見なければなりません

◆経営のムダのなさを示すKPIが在庫回転数でしたが、従来の回転数は専ら工場内の「目に見える在庫」（工場在庫）のみを対象としてきた点でも片手落ちでした。真の経営効率を評価するには工場だけでなくサプライチェーン上の全ての在庫（流動資産全体）を見なければなりません。流動比率の縛りがあるために、一般に「目に見える在庫」が多額に寝かされている事例が多いので注意が必要です。

◆流動資産全体こそが取り組むべきターゲットです。在庫管理にウソがなくなれば、社内の風通しも良くなり、

経営改善の良い循環が始まるはずです

工場在庫だけで計算（不正直指数ゼロが前提）	
在庫高	30億円＋20億円＋50億円＝100億円
在庫回転数	200億円÷100億円＝2回転

流動資産全体で計算（不正直指数ゼロが前提）	
在庫高	工場在庫＋売上債権＋現金預金＝240億円
流動資産回転数	200億円÷240億円＝0.83回転

新しいアドバイス

在庫についてしっかり話し合うことが、真の経営改善の第一歩です

サプライチェーン全体を見る

現金預金　40億円
↑
売上債権　100億円
（以上、目に見えない在庫）
↑
製品　30億円
↑
仕掛品　20億円
↑
材料　50億円
（以上、目に見える在庫）

貸借対照表（B/S）を見る

＊＊02年3月31

流動資産		流動負債	
現金預金	40億円	買入債務	60億円
売上債権	100億円	短期借入金	100億円
製品	30億円		
仕掛品	20億円	固定負債	
材料	50億円	長期借入金	90億円
固定資産		純資産	
土地	130億円	資本金	100億円
建物	80億円	資本剰余金	50億円
機械装置	50億円	利益剰余金	100億円

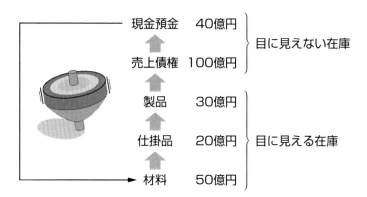

第47話

V字回復への行動／5つの在庫回転数を管理する

それぞれの管理目標を個別に定め、きちんと管理しましょう

◆不正直指数＝ゼロを前提とすれば、P／LとB／Sから5つの在庫回転数が計算できます。5つの管理目標が全て同一でよいはずは絶対にありませんから（!）、それぞれ適切な目標を設定して管理しなければなりません。

◆一般に、仕掛品や製品の回転数は高めの設定が想定されます（ゼロ在庫!）。リードタイムを短縮したり、分散していた製品在庫を集約する等の活動を行います。一方で、材料の回転数は低めに設定すべきケースが多いでしょう（適切に持つ）。供給途絶への備えや納期の超短縮、まとめ買いなど、調達戦略の柔軟化などを行います。目に見える在庫（材料、仕掛品、製品）だけではなく、目に見えない在庫（売上債権や現金預金）にもしっかり注意を払わなければなりません。

材料	材料回転数	売上高÷平均の材料在庫高
仕掛品	仕掛品回転数	売上高÷平均の仕掛品在庫高
製品	製品回転数	売上高÷平均の製品在庫高
売上債権	売上債権回転数	売上高÷平均の売上債権高
現金預金	現金預金回転数	売上高÷平均の現金預金高

新しいアドバイス

5つの在庫の管理目標が全て同一（ゼロ在庫）であるはずはありません

5つの在庫回転数

B/S

流動資産		流動負債	
現金預金	40億円	買入債務	60億円
売上債権	100億円	短期借入金	100億円
製品	30億円		
仕掛品	20億円	固定負債	
材料	50億円	長期借入金	90億円
固定資産		純資産	
土地	130億円	資本金	100億円
建物	80億円	資本剰余金	50億円
機械装置	50億円	利益剰余金	100億円

※売上高は200億円だったとする

$$\text{材料回転数} = \frac{200\text{億円}}{50\text{億円}} = 4\text{回転}$$

$$\text{仕掛品回転数} = \frac{200\text{億円}}{20\text{億円}} = 10\text{回転}$$

$$\text{製品回転数} = \frac{200\text{億円}}{30\text{億円}} = 6.7\text{回転}$$

$$\text{売上債権回転数} = \frac{200\text{億円}}{100\text{億円}} = 2\text{回転}$$

$$\text{現金預金回転数} = \frac{200\text{億円}}{40\text{億円}} = 5\text{回転}$$

第48話

V字回復への行動／現金預金と売上債権も管理

在庫は足りないのに、お金が寝かされていたのでは、意味がありません

◆在庫を持つこと＝お金を寝かすことだと言われます。それゆえに在庫を持ち過ぎないよう厳しく戒められ、在庫回転数というＫＰＩが管理されてきました。しかしＢ／Ｓを見れば、従来の「目に見える在庫」だけでなく

「目に見えない在庫」もしっかり管理すべきことは明らかです

◆ところが、従来の会計が「目に見える在庫」（材料、仕掛品、製品）だけを対象とした在庫回転数を使ってきたために、「目に見えない在庫」（売上債権や現金預金）は必ずしも適切に管理されていませんでした。この問題の一つの解決策は、在庫金利の管理です。不正直指数ゼロを前提に、年全体の平均在庫に資金調達の利率を乗じてＰ／Ｌに組み込みましょう。

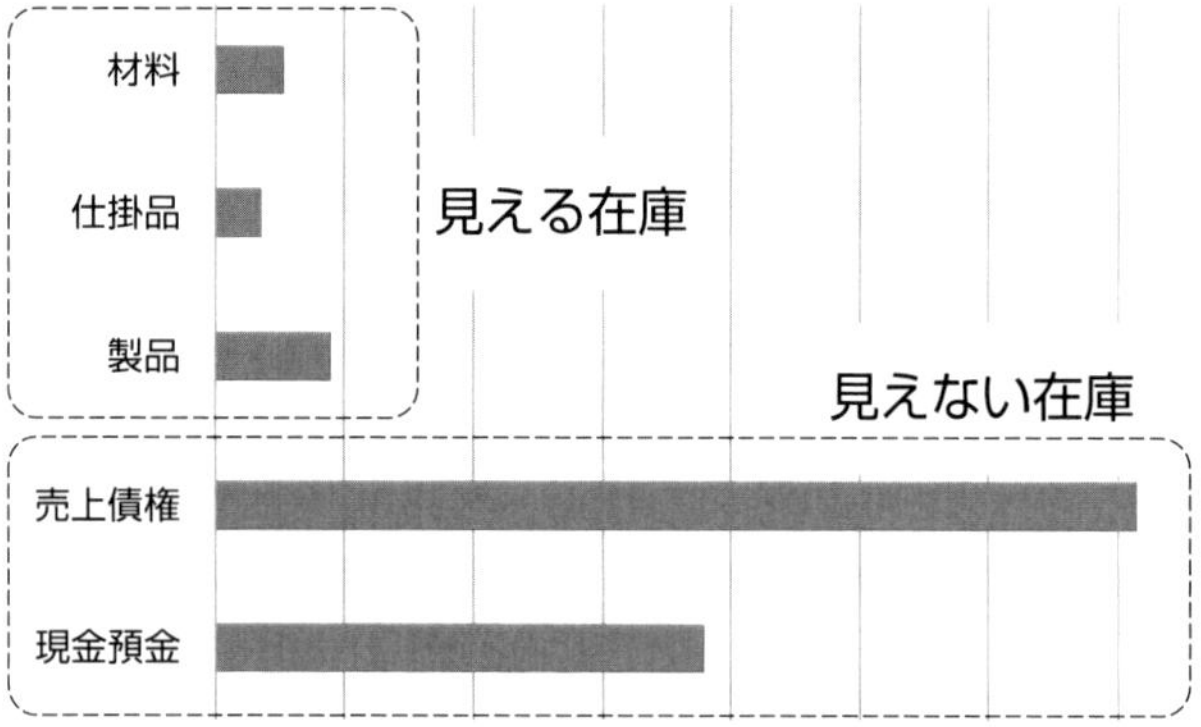

新しいアドバイス

在庫金利の管理に移行し、付加価値全体の最大化を目指しましょう

流動資産の内訳を点検する

資産の部		
流動資産		
現金及び預金	76,093	
受取手形及び売掛金	143,133	
商品及び製品	14,856	在庫
仕掛品	7,513	
原材料及び貯蔵品	10,889	
その他	18,011	
流動資産合計	270,495	
固定資産		
有形固定資産		
建物及び構築物（純額）	50,809	
機械装置及び運搬具（純額）	7,731	
工具、器具及び備品（純額）	6,713	
土地	16,830	
その他	2,169	
有形固定資産合計	84,252	
無形固定資産		
ソフトウェア	17,491	
その他	8,671	
無形固定資産合計	26,163	
投資その他の資産		
投資有価証券	50,082	
その他	8,964	
投資その他の資産合計	59,046	
固定資産合計	169,461	
資産合計	439,957	

第49話 V字回復への行動／滞留在庫は回転数から切り離す

勇気を持って滞留在庫を見える化しなければ在庫管理は正常化しません

◆在庫回転数を管理する目的の1つは廃棄や滞留在庫の発生状況を推定することにもありました。しかし、会社内部の管理であれば「滞留」の定義を明確にすることで（例えば1年を超えて滞留しているなど）、正常在庫から滞留在庫を直接分離し、直接的な管理をすることができます。

✔ 正常在庫…5つの在庫回転数や在庫金利による管理をする

✔ 廃棄在庫・滞留在庫…発生率による管理をする

◆不良在庫を分離しないと、回転数の見かけを取繕うため正常在庫を減らすという異常な行動が起こります。その結果、翌期首が不良在庫の山になることがあります。不良在庫は正常な循環から外れた在庫ですから早々に分離しましょう。当期の不良発生額から過去の不良在庫の当期処分額を引いた値を、売上高で除すことで、発生率が求まります。

不良発生率＝（当期の不良発生額－処分額）÷売上高

もちろん、この不良発生率にも目標を決めた管理を行います。

新しいアドバイス

特売でしっかり買い、廃棄損は出さない…会社も家庭と同じです

在庫回転数による管理

流動資産		流動負債	
現金預金	40億円	買入債務	60億円
売上債権	95億円	短期借入金	100億円
製品	29億円		
仕掛品	20億円	固定負債	
材料	50億円	長期借入金	90億円
滞留在庫	6億円		
固定資産		純資産	
土地	130億円	資本金	100億円
建物	80億円	資本剰余金	50億円
機械装置	50億円	利益剰余金	100億円

滞留在庫の分離

流動資産		流動負債	
現金預金	40億円	買入債務	60億円
売上債権	95億円	短期借入金	100億円
製品	29億円		
仕掛品	20億円	固定負債	
材料	50億円	長期借入金	90億円
⇒ 滞留在庫	6億円		
固定資産		純資産	
土地	130億円	資本金	100億円
建物	80億円	資本剰余金	50億円
機械装置	50億円	利益剰余金	100億円

第50話 V字回復への行動／原材料は持つ？ 持たない？

在庫管理の目標はやみくもなゼロ在庫ではなく、適切に持つことです

◆従来の製造業では在庫削減が重要な経営目標とされてきました。しかし近年は製品原価の構成が大きく変化し、材料費が突出するケースが増えました。今日では機動的な材料調達**（価格相場や為替相場の見極め、適切なまとめ買い）**が新たな勝負どころです。適切に材料在庫を確保すれば納期短縮のメリットがあり、供給途絶への備えにもなります。

◆近年、技術のコモディティ化により製品自体での差別化が難しくなり、注文や支払の利便性、納期の超短縮などが新たな勝負どころになりました。それなのに在庫を一律に「ムダ」と断じて切り捨てていたのでは機動的な戦略が発動できません。期末日だけではなく

①本当の平均在庫を管理し（不正直指数⇓ゼロへ）
②不良在庫は早々に分離した上で、
③原材料はしっかり確保し
④売上債権や現金預金も管理から除外しない

など、業績回復のためにやるべきことは本当にたくさんあります。その本質は、単なる会社都合の発想（ゼロ在庫）から、お客様にとっての価値に基づく発想へのシフトです。

新しいアドバイス
「ゼロ在庫」という呪縛からの解放が、業績Ｖ字回復への道を拓きます

50年前の原価構成（材料費の割合が小さい）

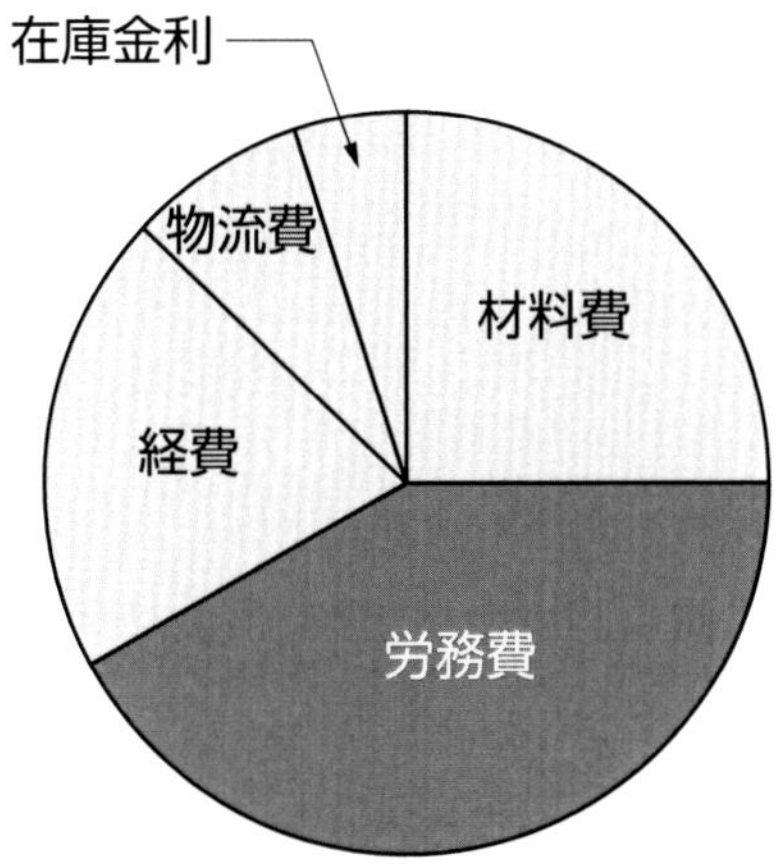

近年の原価構成（材料費の割合が大きい）

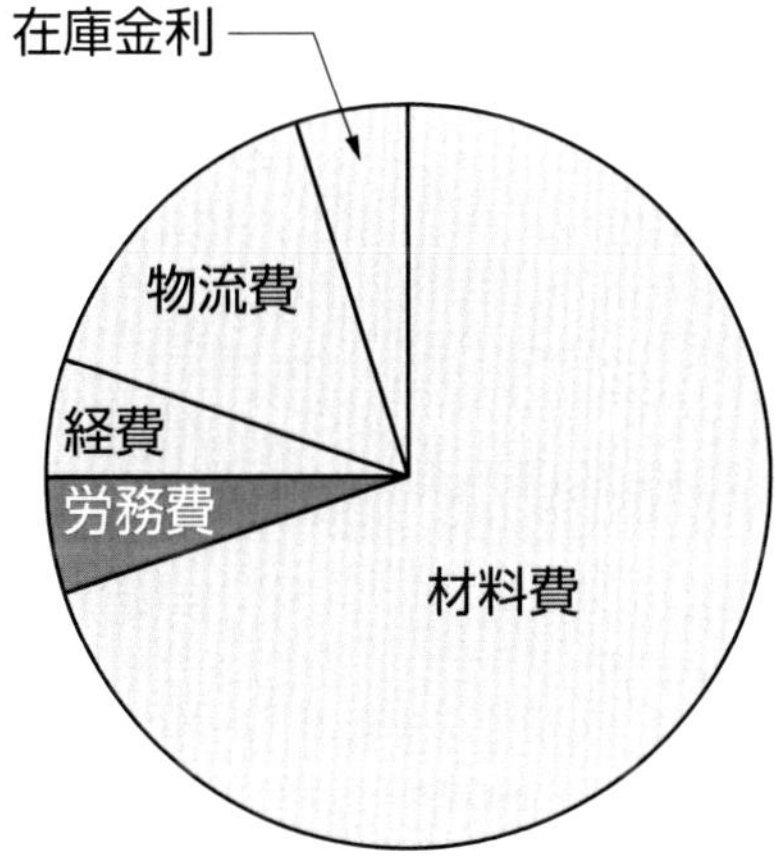

会社の風通しを良くするためのヒント

「在庫を減らせ！」と言われます。在庫のムダ＝経営のムダだと…でも、どうして在庫のムダが経営のムダなのかを

きちんと説明できる人が、どのくらいいるでしょうか？

在庫のムダはお金が寝るムダだと言われます。お金が寝ること＝運転資金が寝ることです。運転資金が寝ていて不足するなら追加で借り入れなければなりません。追加で借りれば金利が発生します。つまり「在庫のムダ＝金利のムダ」だと言えるでしょう。しかしながら、現実の在庫削減は期末の棚卸日だけ行われているケースが多いのです。多額の当座資産もほったらかしです。これでは在庫金利は節減できません。更には期末日だけ在庫を減らして辻褄を合わせるという不健全な行動が、会計不正やカイゼン不正の入口にさえなります。改めて、なぜ在庫を減らせと言われるのかを私たちは正しく理解しなければなりません。理由も説明できない活動に全員で埋没し、しかも見かけだけを取り繕う…厳しい時代、そんなことをやっている余裕はないはずです！　言い換えれば、ムダな在庫削減など思い切って止めてしまえば、事業は柔軟性と風通しの良さを回復し、お客様にとっての価値がしっかり論じられるようになり、結果として会社がどれだけ元気になるでしょうか。

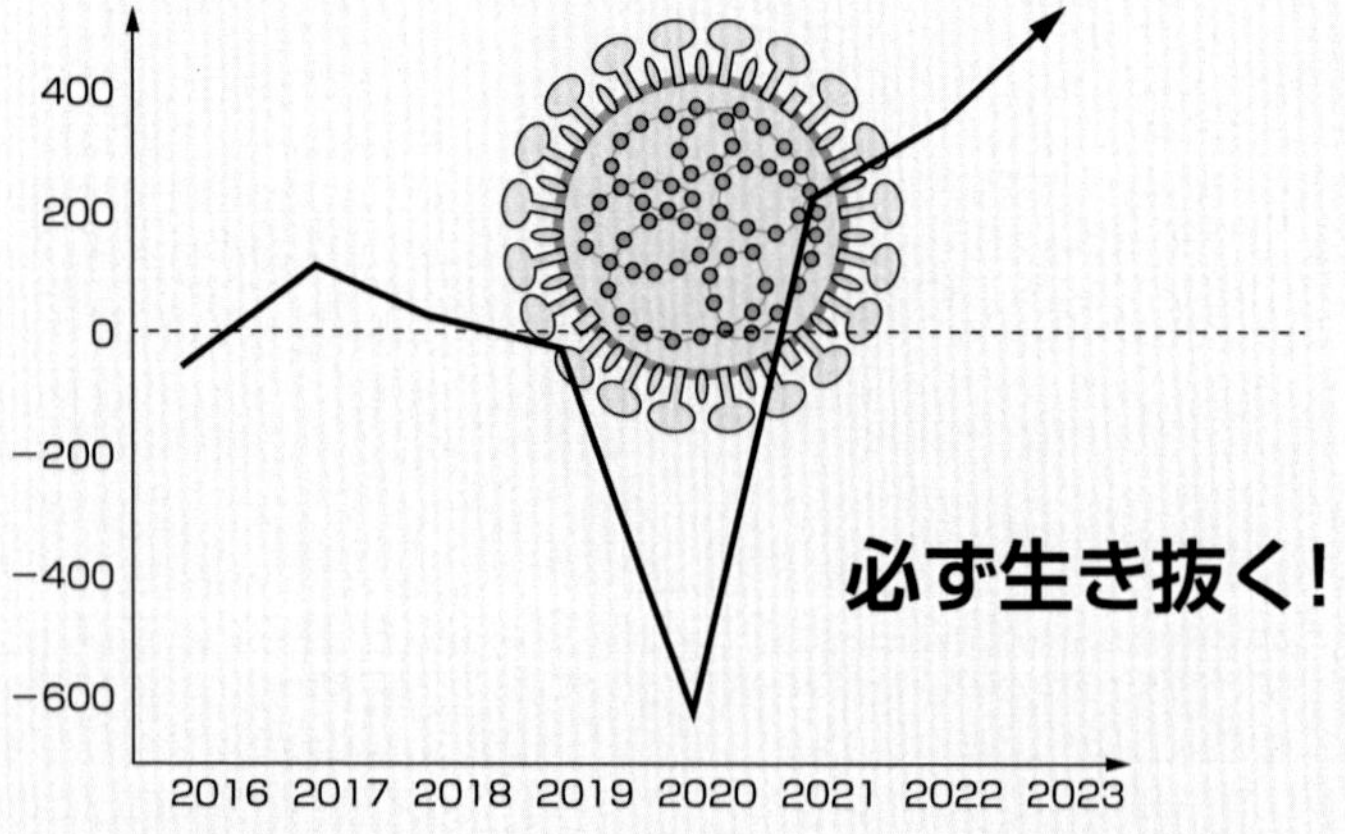

Ⅵ

固定資産回転数とROA
―資産管理の要となるKPI―

第51話 どんなKPI？／固定資産回転数って何ですか？？

固定資産管理の要となる代表的なKPIです

◆在庫回転数に似たKPIに固定資産回転数があります。このKPIは「売上高÷固定資産高」で計算されます。

回転数が高いほど、少ない事業資金で経営が行われていると判断され、経営が効率的だと評価されてきました。

その基本的な考え方は在庫回転数と同じです。固定資産回転数もまた、何かと比較して相対的に良否を判断します。例えば同じ200億円の売上を、400億円の固定資産で達成した会社（ケース1）と、200億円の固定資産で達成した会社（ケース2）があった場合、ケース2の会社の方が効率的でムダのない経営だったという評価です。

◆しかし回転数という考え方は、売上高至上主義（即ち、薄利多売や規模の経済という発想）に繋がりやすく、成熟した経済に移行した今日のビジネス環境に整合しないケースも生じています。

ケース1	200億円÷400億円＝0.5回転	効率が悪い

↕ 相対的な評価

ケース2	200億円÷200億円＝1.0回転	効率が良い

新しいアドバイス **固定資産回転数が速いほど効率的経営だというのは、本当でしょうか？**

固定資産回転数の計算

$$\text{在庫回転数} = \frac{\text{売上高}}{\text{在庫高}}$$

$$\text{固定資産回転数} = \frac{\text{売上高}}{\text{固定資産高}}$$

同じ売上高を
なるべく少ない固定資産で実現できれば良い経営

↓

固定資産回転数は高いほど良い

第52話

どんなKPI？／固定資産回転数の計算方法

回転数は、損益計算書（P／L）と貸借対照表（B／S）から計算します

◆従来の固定資産回転数の大まかな計算手順は以下の通りです。まず損益計算書（P／L）で売上高を読み取ります。次に貸借対照表（B／S）で固定資産高を読み取ります。ここで言う固定資産高とは、土地、建物、機械装置などの在り高の合計です。両方の金額を読み取ったら固定資産回転数を計算します。固定資産回転数は何かと比較することで良否が評価されます。

自社の過去の数値や他社の数値との比較

を行い、一般的には回転数が高くなっていれば評価は「良い」です。

◆適切な比較を行うには同じ前提で計算された回転数でなければなりません。しかし分母の固定資産額は昨今の減価償却制度の混乱によって不安定になっています。

P/Lの売上高	B/Sの固定資産	
200億円	土地の在り高	130億円
	建物の在り高	80億円
	機械装置の在り高	50億円
	合計	260億円

固定資産回転数＝200億円÷260億円＝0.8回転

新しいアドバイス 在庫と同様、固定資産高の在り高も常に変動しています

回転数の計算に使う数字…損益計算書（P/L）

01年4月1日～02年3月31

売上高	200億円
−売上原価	120億円
＝粗利	80億円
−販売費および一般管理費	72億円
＝営業利益	8億円
−営業外費用	3億円
＝経常利益	5億円

回転数の計算に使う数字…貸借対照表（B/S）

**02年3月31

流動資産		流動負債	
現金預金	40億円	買入債務	60億円
売上債権	100億円	短期借入金	100億円
製品	30億円		
仕掛品	20億円	固定負債	
材料	50億円	長期借入金	90億円
固定資産		純資産	
土地	130億円	資本金	100億円
建物	80億円	資本剰余金	50億円
機械装置	50億円	利益剰余金	100億円

第53話

従来のKPIの限界／減価償却は、とても恣意的！

償却方法や年数経過で、固定資産の簿価は大きく変動します

◆固定資産回転数は、売上高÷固定資産の簿価で計算されますが、実のところ、固定資産の簿価は減価償却のやり方（償却方法や耐用年数）で大きく変わります。結果として、計算される回転数も大きく変動してしまうのです。償却方法や耐用年数の決定には恣意性もあります。

償却方法は？	定額法、旧定額法、定率法、旧定率法、その他
耐用年数は？	客観性のある耐用年数を決められるのか？

◆固定資産回転数を不安定にしてしまうもう一つの要因は、減価償却の進行で簿価が年々減少していくことです。ある同一の固定資産を使って同一の事業活動を行っていても、減価償却が進めば固定資産回転数は自然に上昇します。そんな回転数の見かけの悪化を嫌って、本来必要な設備更新や新規設備の取得が先送りされたり、新鋭工場より

老朽工場が高い評価になるという弊害を生じます

更に国際会計基準（ＩＦＲＳ）では、経済的な便益を消費するパターンを適切に反映する方法での償却を求めていますが、実際にそうしたパターンを見つけることは困難です。（私は技術者でしたが、その合理的な方法を全くイメージできません。）

新しいアドバイス　**回転数は、減価償却のやり方次第で大きく変動するので恣意的です**

定額法の時の回転数

耐用年数５年、残存価額 10％

	取得時	１年目	３年目	５年目
売上高①	—	**200 億円**	**200 億円**	**200 億円**
取得価額	200 億円	200 億円	200 億円	200 億円
減価償却費	—	36 億円	36 億円	36 億円
減価償却累計額	—	36 億円	108 億円	180 億円
帳簿価額②	**200 億円**	**164 億円**	**92 億円**	**20 億円**
回転数①÷②	—	**1.2 回転** ➡	**2.2 回転** ➡	**10.0 回転**

定率法の時の回転数

耐用年数５年、残存価額 10％

	取得時	１年目	３年目	５年目
売上高①	—	**200 億円**	**200 億円**	**200 億円**
取得価額	200 億円	200 億円	200 億円	200 億円
減価償却費	—	74 億円	29 億円	12 億円
減価償却累計額	—	74 億円	150 億円	168 億円
帳簿価額②	**200 億円**	**126 億円**	**50 億円**	**20 億円**
回転数①÷②	—	**1.6 回転** ➡	**4.0 回転** ➡	**10.0 回転**

第54話

従来のKPIの限界／今、減価償却は大混乱！

混乱の原因は税法の改正や国際会計基準（IFRS）などです

◆近年では、日本国内における税法改正や国際会計基準（IFRS）の導入などによる減価償却制度の混乱が著しく、

一貫性のある会計処理が難しくなくなりました

その結果、固定資産回転数を会社間や過去の実績と比較することが、ますます難しくなっています。

◆事業用資産の取得費用は、その資産の使用期間（例えば10年）に獲得するであろう利益と対応させて計上すべきものだ、というのが従来の減価償却の考え方でした。しかし今日の経済環境の変化は速く、

明日何が起こるかさえわかりません

そんな状況の下、取得した固定資産の将来の使用期間を合理的に見積もることはまず不可能です。過去の実績も未来を想定する根拠にはなりません。想定の甘さは、設備投資の失敗の原因になります。それでも減価償却に固執すれば利益操作の温床にさえなってしまうでしょう。過去の未償却額が埋没原価という厄介者を生じることも問題です。

新しいアドバイス 将来どうしたいかはともかく、将来どうなるかは絶対にわかりません

国内で用いられる減価償却…日本基準の場合

減価償却方法	建物…定額法が多い 建物以外…定率法が多い
耐用年数	日本国内の税法に準じることが多い
残存価格	日本国内の税法に準じることが多い

⇕ 比較できない

国内で用いられる減価償却…IFRS の場合

減価償却方法	経済的な便益を消費するパターンを適切に反映した方法
耐用年数	使用が見込まれる期間
残存価格	耐用年数到来時の、その資産の価値

第55話

従来のKPIの限界／オフバランス化という闇！

会計操作で、見かけだけを繕うことには多くの弊害がありります

◆従来、資産の回転数（在庫や固定資産）が重視されてきたのは、例えば経営の重要KPIの一つである総資産利益率（ROA）などに

資産利益率（UP）＝資産回転数（UP）×売上利益率（UP）

という考え方があったからでしょう。回転数を上げる方法は在庫削減や固定資産の有効利用を進めることですが、KPIとしての回転数は従来独り歩きしがちで、期末日だけの在庫削減や見かけの固定資産圧縮など、

不健全な行動に結び付きがちでした

◆例えば、見かけの固定資産の圧縮方法の一つにリース等の仕組みを利用したオフバランス化があります。事業で使っている固定資産を法形式的に社外譲渡し、そこから借りているという体裁を作ります。これにより、資産を貸借対照表（B／S）から消し去ってしまうのです。しかし、こうした操作で作り上げられた実態を示さないKPIで、

正しい経営判断や業績評価をすることはできません

新しいアドバイス

見かけを取り繕うための労力は、実態の改善にこそ注がれるべきです

固定資産のオフバランス化

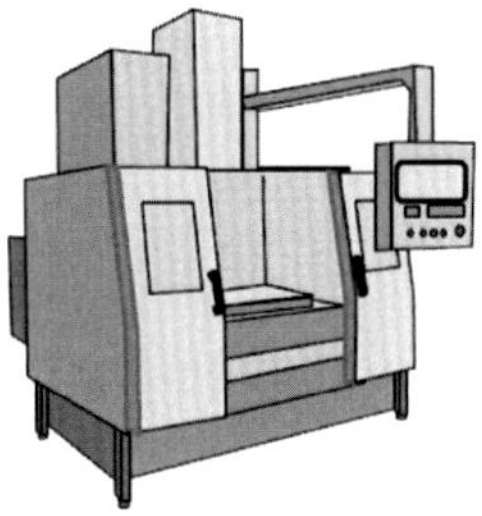

B/S　＊＊02年3月31

流動資産		流動負債	
現金預金	40億円	買入債務	60億円
売上債権	100億円	短期借入金	100億円
製品	30億円		
仕掛品	20億円	固定負債	
材料	50億円	長期借入金	90億円
固定資産		純資産	
土地	130億円	資本金	100億円
建物	80億円	資本剰余金	50億円
機械装置	~~50億円~~	利益剰余金	100億円

※売上高は200億円だったと仮定します

オフバランス前

200億円 ÷（130億円 + 80億円 + **50億円**）= 0.77回転

オフバランス後　　**改善したと言えるのか？**

200億円 ÷（130億円 + 80億円 + **0 億円**）= 0.95回転

第56話 V字回復への行動／取得原価による回転数の計算

減価償却の恣意性を排除し、事業の実態を反映させましょう

◆今回は減価償却というトリックで固定資産回転数の見かけが良くなってしまう場面を考えてみましょう。仮に、ある会社が建物と生産設備を取得し（200億円）、事業を開始したとします。1年目の売上高は200億円でしたが、事業は次第に競争力を失って5年後には100億円まで売上高が減少しました。しかしそれ以上に固定資産の減価償却が進んだため、固定資産回転数は大幅に向上しました。めでたし、めでたし！　さて、このKPIをもって事業が順調だと判断し、

このまま放っておいてよいでしょうか？

否、どうやら事業は直ぐ対策すべき深刻な状態に直面しているようです

◆固定資産回転数を事業の実態に近づける一つの方法は、それを減価償却前の取得原価で計算することです。取得原価で計算すれば、

競争力喪失の兆候や、設備投資の失敗

をいち早く検出し、適切なアクションに結び付けることができるからです。

新しいアドバイス

厳しい環境変化の中、何もしない方が良くなっていく指標は問題です

回転数の比較（減価償却 vs 取得原価）

	取得時	1年目	3年目	5年目
①売上高	—	**200億円**	**180億円**	**100億円**
②取得価額	**200億円**	**200億円**	**200億円**	**200億円**
減価償却費	—	36億円	36億円	36億円
減価償却累計額	—	36億円	108億円	180億円
③帳簿価額	**200億円**	**164億円**	**92億円**	**20億円**
回転数①÷③	—	**1.2回転**	**2.0回転**	**5.0回転**
回転数①÷②	—	**1.0回転**	**0.9回転**	**0.5回転**

※減価償却方法は、耐用年数５年、残存価格１０％の定額法とする

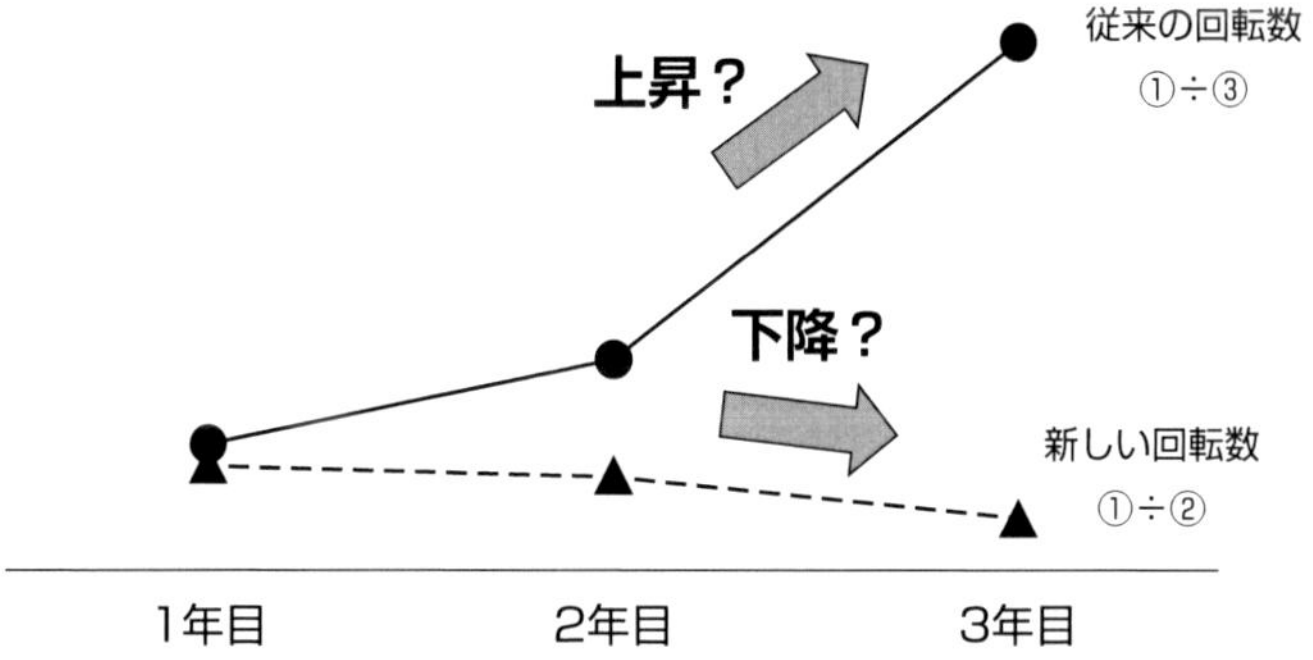

第57話

V字回復への行動／即時償却のススメ

更に積極的に減価償却の恣意性を回避する方法です

◆そもそも従来の減価償却は、今日の経営環境に合っていません。各社の事情に合わせて個別に設計された生産設備の多くは、稼働開始と同時に転売価値を失って簿価での処分は不可能です。そんな状況を表現するための最善の方法は取得時の即時償却でしょう。数年後どころか明日何が起こるかわからない状況の中、事業の先行きや設備の

未来の稼働状況が全く見通せないからです

即時償却を励行すれば投資計画は慎重かつ精緻になり、埋没原価は解消され、オフバランス化の誘惑もなくなります。償却方法の恣意性や、償却費を売上原価と販管費のどちらに計上するかといった恣意性も排除できます。

◆今後とも固定資産の回転率を管理しなければならない場面があるなら、取得原価（それは調達され、計画され、投下された資金額でもある）を明確にするために

固定資産の取得価額－償却累計額＝資産の簿価

という記載を励行しましょう。取得原価に基づく管理ができるからです。

新しいアドバイス

先が見通せない今日、即時償却が最も健全で合理的な会計処理です

従来の減価償却による簿価（定額法の場合）

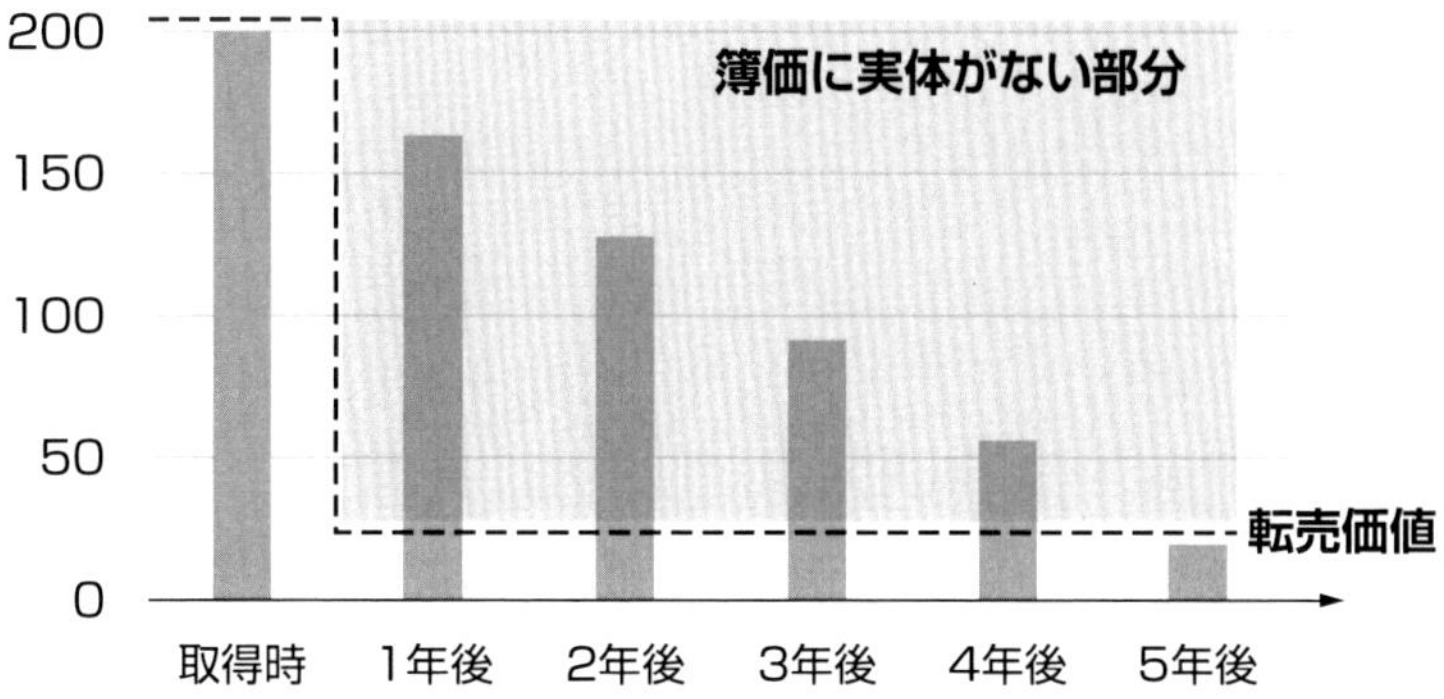

即時償却による簿価（簿価≒実態）

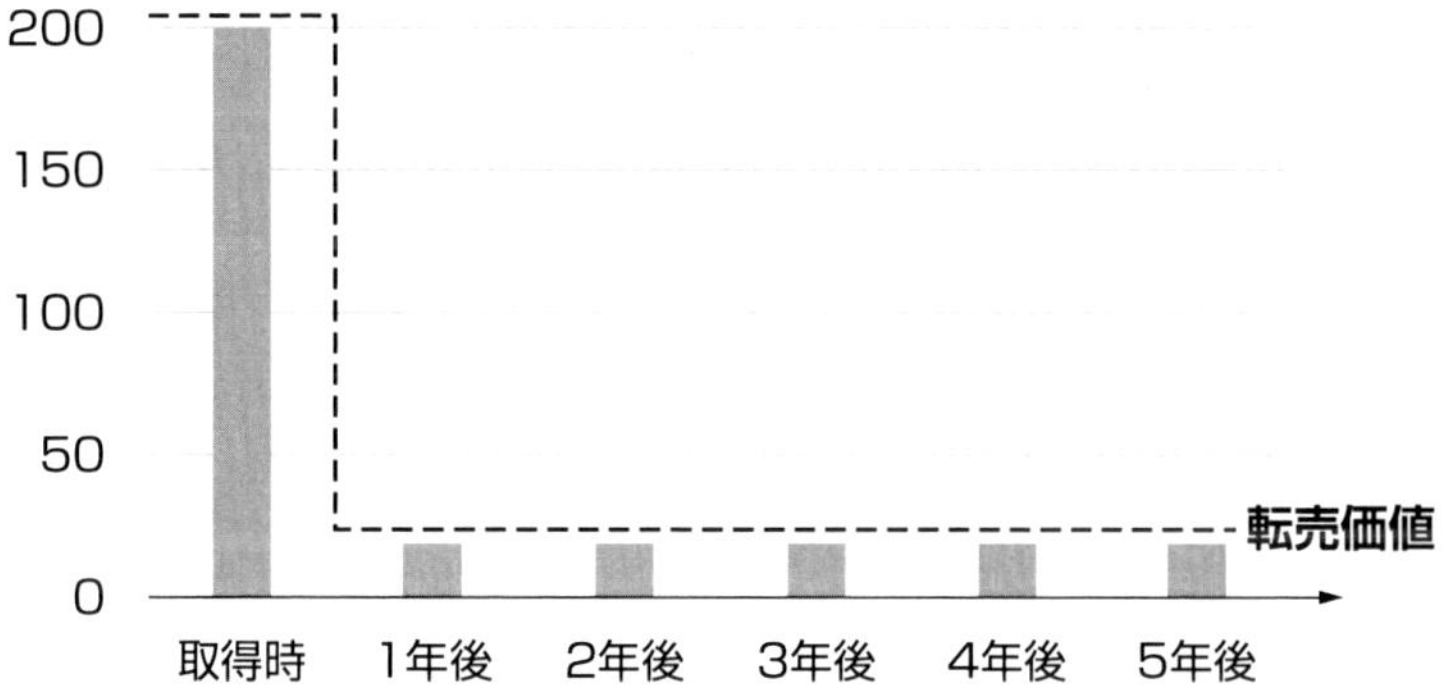

第58話 V字回復への行動／ROAに及ぼす影響を理解する

「回転数×利益率」から「生産性×分配率」に変えましょう

◆改めて、従来のKPIで回転数という考え方が重視されてきたのは、株式会社の出資者であり所有者でもある株主にとっての重要な関心事であるROA（総資産利益率）に、

ROA＝回転数×利益率

という分析の仕方があったからでした。これは、高いROAは、高い回転数と高い利益率の積で実現されるという考え方に基づいています。

◆しかしながら、利益や利益率は操作可能なため事業の真の実力を示しません。減価償却も恣意性が強いため自己資本や総資産はその影響を受けます。結果的に従来のROAでは経営状況の正しい分析ができません。この問題の解決には、高い生産性と、稼いだ価値の株主への分配、すなわち

ROA＝生産性×分配率

に基づいて資産の生産性を管理し、付加価値の適切な分配に努めていくという方法があります。生産性の評価には簿価を使う場合と取得原価を使う場合が想定されますが、設備投資の効果の検証なら取得原価が良いでしょう。

新しいアドバイス **売上高から付加価値へのシフトこそ、規模のモノづくり卒業の道です**

従来のROAの考え方

$$\frac{\text{利益}}{\text{総資産}} = \frac{\text{売上高}}{\text{総資産}} \times \frac{\text{利益}}{\text{売上高}}$$

回転数　利益率

新しいROAの考え方

$$\frac{\text{利益}}{\text{総資産}} = \frac{\text{付加価値}}{\text{総資産}} \times \frac{\text{利益}}{\text{付加価値}}$$

生産性　分配率

第59話 V字回復への行動／ROAの原点に立ち返る

KPIの操作は諸刃の剣ですが、一般にあまり良い方向には働きません

◆従来のROAは分子に利益、分母に各資産の簿価を使っていました。この分母は減価償却の影響を受けますが、分子の利益も付加価値の分配によって変動するので、計算されるKPIは更に不安定なものになってしまいます。結果的に数値操作の余地が大きいKPIと言えるでしょう。もちろんKPIの見かけを整えることは大切ですが、それだけに注力していたのでは

真の業績回復は望めません

◆仮に同じROAでも、ヒトへの分配（労務費）やモノへの分配（設備投資や減価償却費）を削って利益を維持している場合と、そうでない場合では、会社の競争力が全く違います。計算されてくる利益の背後には様々な事情があります。そんな事情を率直に照らし出し、

勇気ある決断で経営革新を断行

していくためには、安定したKPIが必要です。見かけのROAが良いから良い経営なのではなく、良い経営の結果としてROAが良くなるのだということに注意しましょう。

新しいアドバイス　回転数やROAは結果であり、数値だけを繕っても経営は回善しません

ROAで何を評価すべきなのか？

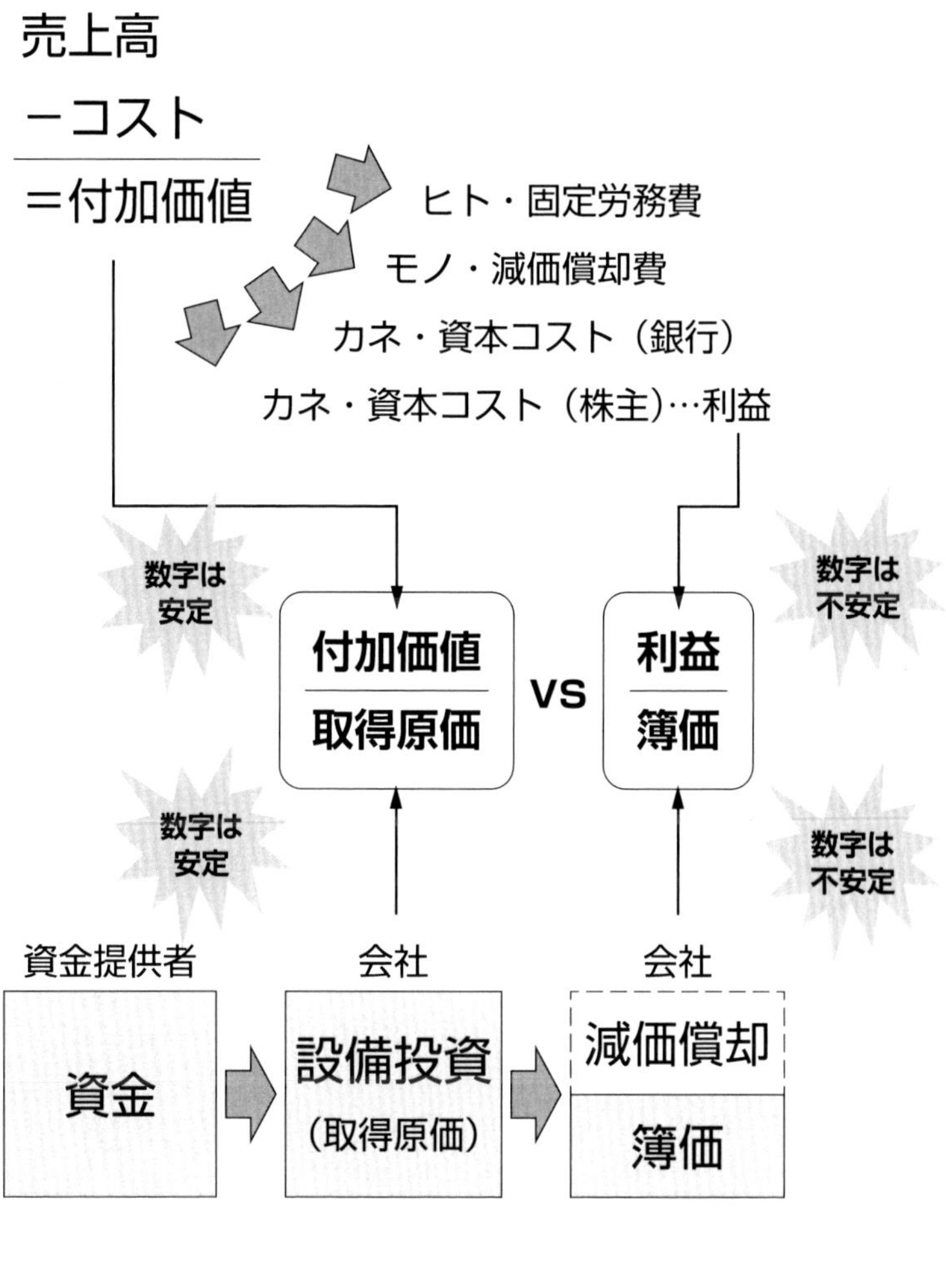

第60話

V字回復への行動／時代は「作る」から「創る」へ

結果的に獲得してしまった余力があれば、活用を工夫してみましょう

◆固定資産回転数は設備投資活動の結果を示すものです。当然、回転数が過度に下がらないよう慎重に行わなければなりません。しかし国内の設備投資計画には不備が多かったのです（第61話参照）。もし万が一、設備投資に失敗して回転数が下がってしまった場合、回転数という見かけを挽回するためだけにその設備を処分しても、恐らく資金は取り戻せません。であれば失敗は失敗として受け止め、その設備の最大限の

活用を目指す方がダメージは小さいはずです

◆多くの場合、設備を売却しても負債は返済できません。処分してしまえば、会社はせっかく獲得したキャパシティとケイパビリティを失うことになります。その一方で、これからの製造業は「作る」から「創る」へとシフトしなければなりません。明日の価値創造と事業の成長のためには一定の余力（キャパシティとケイパビリティ）が必要なのです。固定資産の回転数が低いこと（結果的に余力を持っていること）は

新たな成長余地を示しているとも言えます

従来のＫＰＩの計算方法を見直し、その活かし方を再考してみる必要はないでしょうか？

新しいアドバイス　設備が簿価で処分できないなら、保持するという選択肢もあります

良くするのは見かけか？　実態か？

	見かけを良くする行動	実態を良くする行動
慎重な固定資産取得	YES	YES
固定資産の投げ売り	YES	NO
合理的価格での処分	YES	YES
資産のオフバランス化	YES	NO

固定資産を処分する？／処分しない？

$$\frac{\text{低迷する売上高}}{\text{余剰な固定資産}} = \text{低い回転数}$$

（余剰な固定資産 ← だから減らす？）

✔ 合理的な価格で設備を処分できるか？

✔ 過度にキャパシティを喪失しないか？

✔ 過度にケイパビリティを喪失しないか？

Capacity　…会社が、現状の活動を拡大する余力
Capability …会社が、全く新しいことに取り組む余力

古い常識を乗り越えるためのヒント

　固定資産回転数は、回転が速いほど効率的でムダが無い経営だと評価されるKPIです。回転数の計算式は「売上高÷固定資産の簿価」ですが、実はこの

簿価が極めて心もとない状況

だということをご存知だったでしょうか？　固定資産を取得したらゆっくり減価償却するというのは今日の会計的な「常識」ですが、この減価償却が国際会計基準（IFRS）や税法の改正などによって揺らいでいます。固定資産の簿価は、取得原価から減価償却額を減じたものですから、減価償却が揺らげば固定資産の簿価も揺らぐのです。そもそも減価償却というのはかなり恣意性な会計処理で、定率法で償却するか定額法で償却するか、耐用年数をどうするかなどで大きく簿価が変わります。しかし明日のことさえ予想が付かない今日、数年～数十年に及ぶ耐用年数を合理的に見積もることができる道理はありません。減価償却が不安定で、固定資産の簿価も不安定なら、固定資産回転数も不安定になります。そんなKPIで何を評価し、何をアピールできるでしょうか。さて、回復を目指すのは見かけの業績ですか？　本当の業績ですか？

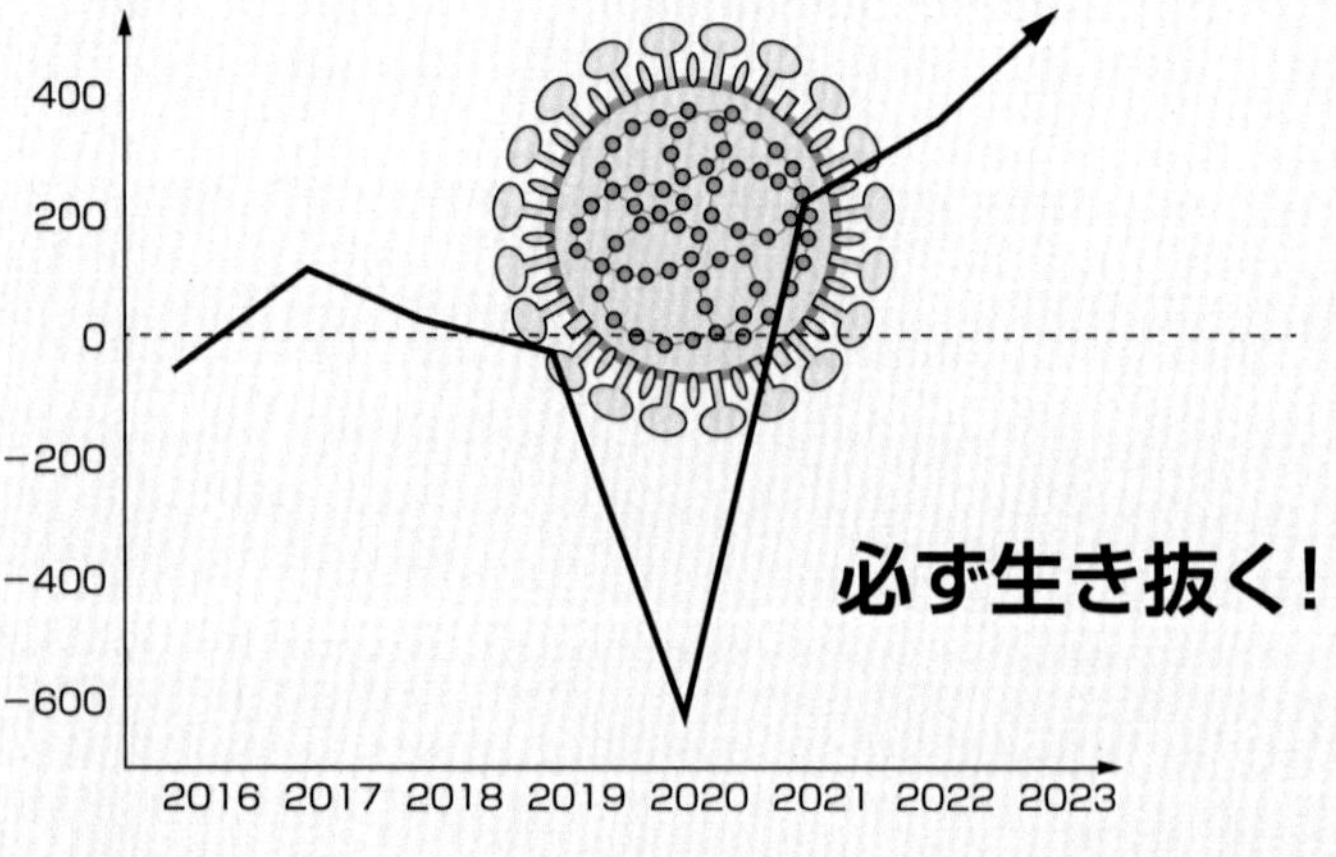

Ⅶ

内部収益率 IRR

—設備投資の意思決定をするためのKPI—

第61話 どんなKPI？／大企業でも勘と気合の設備投資

株式会社の根本的使命に立ち返れば、回収期間法でも不十分なので要注意

◆どんなビジネスにも必ず終わりがありますから、会社は常に新しい資産を取得し、サプライチェーン／バリューチェーンの更新・強化に努めなければなりません。その意味で、設備投資は会社の運命を決める極めて重要な活動です。しかしそれほど重要な活動でありながら、今まで国内で最も多用されてきた設備投資の意思決定方法は「横並び法」や「勘と気合法」でした。例えば…

「目を見て本気そうだったら認可する！」

などです。もちろん本気は大切ですが（！）、それと認可の可否判断は全く別の問題です。担当者がどんなに本気でも、計画には致命的な

見落としや思い込みがあるかもしれないからです

◆国内で2番目に多く使われている意思決定方法は「回収期間法」です。勘と気合法よりは一歩前進ですが、利益は常に操作され得るということ、そしてさらに深刻なのは、資金提供者に対して会社が負う資金の運用責任（ＷＡＣＣ）に対する考慮が明確にされていないことが問題です。

新しいアドバイス **固定資産回転数を云々する前に、まず慎重な資産取得を心掛けましょう**

最も多い意思決定方法…勘と気合法

- ✔起案書を5回突き返しても諦めなければ認可する
- ✔担当者の目を見て本気そうだったら認可する
- ✔競合他社と同じような計画だったら認可する
- ✔○○課長なら認可しないが、△△部長なら認可する

などなど…

2番目に多い意思決定方法…回収期間法

「我が社は、回収期間が 3 年以内なら認可します！」

設備投資額	100 億円
計画利益	40 億円
回収期間	100 億円÷40 億円=2.5 年
判断	実行！

第62話

従来のKPIの限界／割引計算への深刻な誤解！

設備投資計画における割引計算は、運用機会ではなく運用責任を示しています

◆設備投資に関わる会計には、しばしば割引計算、現在価値、将来価値といった言葉が出てきます。誤った説明も多いので整理しておきましょう。例えば、ある会社の資本コスト（WACC）が10％である場合、今事業に投下する事業資金2000万円は、1年後には2200万円、2年後に2420万円へと増えていなければなりません。

それが資金提供者への約束だからです

◆逆に、2年後に2500万円回収できると見込まれる計画がある場合、今投入してよいのは2066万円までです。ですから、仮にこの計画を2066万円未満の資金で実現できるなら「GO」ですが、もっとお金がかかるなら「NG」です。これを「将来価値2500万円の計画の現在価値は2066万円」と表現します。この現在価値／将来価値という用語は投資家、すなわち資金提供者の目線に立ったものです。会社が負うのは資金の運用機会ではなく運用責任なので注意しましょう。しかしこの重大な違いが、

今まで明確には説明されてきませんでした

新しいアドバイス

ここにも「自己資本がタダだ」という誤解に発する問題があるようです

割引計算の基礎

〈2年間の資金運用〉・・・会社のWACCは10%

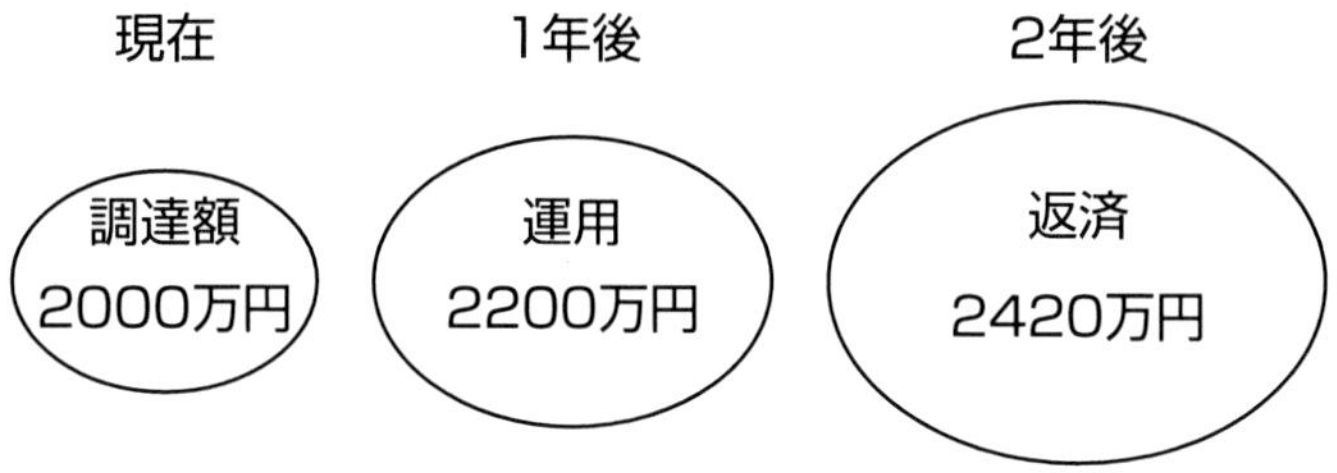

※1年後　2000万円×110%＝2200万円
※2年後　2000万円×110%×110%＝2420万円

〈2年後2500万円回収できる計画に投入できる金額は？〉

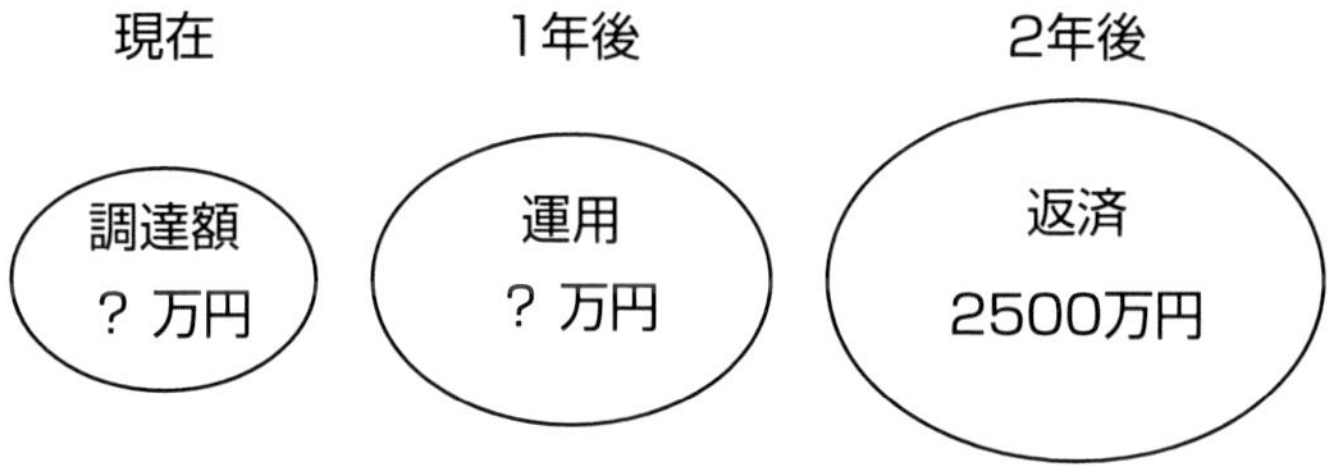

※2500万円÷110%÷110%＝2066万円

第63話

どんなKPI?／正味現在価値法って何ですか??

これなら、株主に対して負う運用責任もきちんと反映されています

◆第62話で検討した設備投資計画（2年後に2500万円回収できる）についてもう少し考えてみましょう。会社が資金提供者に対して負う運用責任（WACC）は10％だという前提で、この計画の現在価値は2066万円と計算されました。もしこの計画を2066万円未満の資金で実現できるなら「GO」、もっとお金がかかるなら「NG」と判断できそうです。

◆ケース1…この計画を実行するために今必要な設備投資が2000万円だと判明した場合、2000万円は2066万円を66万円下回っていますから、計画は「GO」です。この時、この計画の

正味現在価値が66万円であると表現します

◆ケース2…この計画を実行するために今必要な設備投資が2100万円だと判明した場合、2100万円は2066万円を34万円上回ってしまっていますから、計画は「NG」です。この時、この計画の

正味現在価値が▲34万円であると表現します

新しいアドバイス **正味現在価値がプラスの意思決定を積み重ねれば、会社が成長します！**

正味現在価値の計算

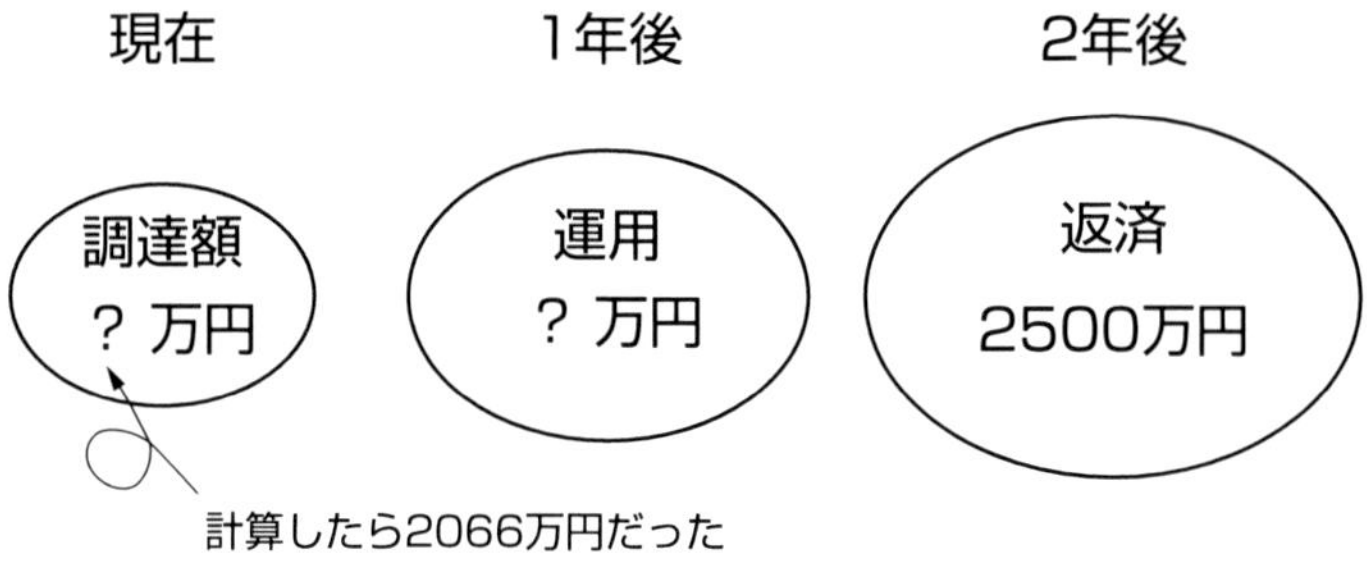

◆ケース1･･･この計画を、2000万円の資金で実行できる

✔2066万円－2000万円＝66万円

✔この計画の正味現在価値は66万円 → 実行する！

◆ケース2･･･この計画を、2100万円の資金で実行できる

✔2066万円－2100万円＝▲34万円

✔この計画の正味現在価値は▲34万円 → 実行しない

第64話 従来のKPIの限界/プロジェクトの比較はできない！

回収期間法からは大きく前進、でも株式会社の使命達成にはまだ不十分

◆正味現在価値法は資本コスト（WACC）もきちんと考慮されており、勘と気合法より遥かに優れた設備投資の意思決定方法だと言えます。前回（第63話）の事例を振り返ると、

プロジェクトA：初期投資2000万円、正味現在価値66万円
プロジェクトB：初期投資2100万円、正味現在価値▲34万円

でしたので、正味現在価値がプラスになるプロジェクトAは「GO」、マイナスになるプロジェクトBは「NG」という判断です。

◆上記の判断は簡単なものでしたが、例えば正味現在価値が全て同じで、初期投資額や事業期間だけが異なるプロジェクト案（C～F）の選択を迫られた場合はどうすればよいでしょうか？　同じ事業期間なら初期投資が少ない方が有利でしょうし、同じ初期投資なら事業期間が短い方が有利なはずです。でも、初期投資も事業期間もバラバラだったら、

もはや適切なプロジェクトを選択できません

こんな時には、内部収益率法を用いた意思決定を行う必要があります。

新しいアドバイス　**正味現在価値法でも、プロジェクトの優先順位までは判断できません**

正味現在価値法で判断できるケース

＜判断基準＞
①正味現在価値がプラスなら GO／マイナスなら NG
②すべてプラスなら、正味現在価値が大きいプロジェクトから実施する

	初期投資	事業期間	正味現在価値	判断
プロジェクト A	2000 万円	2 年	66 万円	GO
プロジェクト B	2100 万円	2 年	▲ 34 万円	NG

※会社の WACC は 10 %とする

正味現在価値法では判断できないケース

	初期投資	事業期間	正味現在価値	判断
プロジェクト C	1000 万円	5 年	400 万円	?
プロジェクト D	2000 万円	5 年	400 万円	?
プロジェクト E	2000 万円	3 年	400 万円	?
プロジェクト F	1200 万円	4 年	400 万円	?

※会社の WACC は 10 %とする

第65話 V字回復への行動／内部収益率法を使いこなす

これが使いこなせなければ株式会社の名に値しません！

◆第64話の事例では正味現在価値法を使いましたが、初期投資や事業期間が異なる複数のプロジェクト案（C〜F）から最善のものを選び出すことができませんでした。ここで内部収益率法（ＩＲＲ法）を用いれば、

適切な選択を行うことができます

◆まず初期投資１０００万円、事業期間5年、ＷＡＣＣ１０％で正味現在価値が４００万円になるプロジェクトＣについて考えてみましょう。このプロジェクトの正味現在価値は正なので、もっと高いＷＡＣＣを担えそうです。そこでＷＡＣＣを15％に引き上げて再計算すると正味現在価値は１２１万円になりました。

まだまだ高いＷＡＣＣを担えます

結局、ＷＡＣＣが１８・４％で正味現在価値がゼロになりました。このＷＡＣＣをプロジェクトの内部収益率（ＩＲＲ）と呼びます。同様に第64話の全プロジェクトについて内部収益率（ＩＲＲ）を求めると、初期投資１２００万円、事業期間４年のプロジェクトＦのＩＲＲが高いので最も有利だとわかりました。

新しいアドバイス　内部収益率を用いれば、プロジェクトの優先順位が判断できます

正味現在価値法（NPV 法）…Net Present Value

	初期投資	事業期間	正味現在価値	判断
プロジェクト C	1000 万円	5 年	400 万円	?
プロジェクト D	2000 万円	5 年	400 万円	?
プロジェクト E	2000 万円	3 年	400 万円	?
プロジェクト F	1200 万円	4 年	400 万円	?

※会社の WACC は 10 %とする

内部収益率法（IRR 法）…
Internal Rate of Return

	初期投資	事業期間	IRR	判断
プロジェクト C	1000 万円	5 年	18.4 %	2 位
プロジェクト D	2000 万円	5 年	11.9 %	4 位
プロジェクト E	2000 万円	3 年	15.3 %	3 位
プロジェクト F	1200 万円	4 年	18.6 %	1 位

※会社の WACC は 10 %とする

第66話

V字回復への行動／表計算ソフトを使いIRRを求める

資本主義社会の常識！　複雑な計算も簡単にできます

◆内部収益率や正味現在価値の計算は難しいものではありませんが、煩雑に感じられる時もあるかもしれません。そんな時は世界標準であるエクセルの

組込関数を使えば簡単に計算できます

◆例えば、開始時点の初期投資1200万円、会社のWACC10%、1年目から3年目までの付加価値の増加がそれぞれ500万円、500万円、400万円と予測されるプロジェクトがあった場合の評価は次の通りとなります。

回収期間法	（目標は3年以内）	評価2・5年	判断→GO
内部収益率法	（目標はWACCを超えること）	評価8・4%	判断→NG
正味現在価値法	（目標はプラスになること）	評価▲32万円	判断→NG

計算にはエクセルのIRR関数やNPV関数などを使います。内部収益率8・4%はWACC10%を下回り「NG」、正味現在価値もマイナスなので「NG」ですが、回収期間法だけは「GO」という結論になりました。これは資金提供者への運用責任が考慮されていないゆえの甘さです。

新しいアドバイス　内部収益率法がほとんど使われていないことが従来の経営の弱点でした

エクセル関数の使い方

	A	B	C	D	E	
1						
2		開始時	1 年後	2 年後	3 年後	
3	お金が出る	−1200	0	0	0	
4	お金が入る	0	500	500	400	
5	収支	−1200	500	500	400	
6						
7	WACC	10 %				
8						
9	内部収益率の計算					
10	8.4 %	=IRR（B5：E5）				
11						
12	正味現在価値の計算					
13	▲32	=B5+NPV（B7，C5：E5）				
14						
15						
16						
17						
18						

第67話

V字回復への行動／内部収益率法であるべき理由

正味現在価値法と内部収益率法では結論が逆転することもあります

◆改めて、正味現在価値法と内部収益率法の比較をしておきましょう。

正味現在価値法（NPV法）…Net Present Value
✔計算された正味現在価値がプラスならGO、マイナスならNG
✔複数プロジェクトがあった場合、正味現在価値が大きいものを選択

内部収益率法（IRR法）…Internal Rate of Return
✔計算された内部収益率がWACCを超えればGO、超えなければNG
✔複数プロジェクトがあった場合、内部収益率が大きいものを選択

◆正味現在価値法の限界の一つは、資金の運用効率が判断できないことです。両者の評価結果が逆転してしまうこともありますが、

株式会社の最も根本的な使命

は株主など資金提供者から預かった資金を適切な運用で増やすこと（運用責任）ですから、投下資金の運用効率を評価し、リスクを織り込んでWACCの確実な達成を目指す

内部収益率法こそが、最も正しい評価方法

であるのは明らかです！

新しいアドバイス　**会社が株式会社である以上、内部収益率による意思決定こそが王道です**

検討結果の逆転

＜正味現在価値法（NPV 法）＞

	初期投資	事業期間	正味現在価値	判断
プロジェクト X	1200 万円	5 年	400 万円	1 位
プロジェクト Y	1200 万円	2 年	~~200 万円~~	2 位

WACC 10％

＜内部収益率法（IRR 法）＞

	初期投資	事業期間	内部収益率	判断
プロジェクト X	1200 万円	5 年	~~16.5％~~	2 位
プロジェクト Y	1200 万円	2 年	18.8％	1 位

第68話

V字回復への行動／株式会社とは何だったかの確認

WACCを超えるIRR達成で、株式会社の根本的使命を達成しましょう

◆私たちは資本主義社会に生きています。株式会社という存在は見慣れた日常の光景ですが、改めて株式会社とは何でしょうか？　株式会社は社会に対して果たすべき幾つかの責任を負う会社です。まず株式会社は財貨やサービスを適切なコストで社会に提供しなければなりません。付加価値が稼ぎ出せていることは、会社のミッションが

社会から支持されている証です

◆株式会社のもう一つの責任（根本的責任）は資本コスト（WACC）です。会社のミッションに共感する銀行と株主は、会社に資金を出資して事業の拡大を支援します。会社はWACCを必達して出資者の期待に応えなければなりません。あるプロジェクトに投下され、期待されたリターンを達成した資金は、次々と新しいプロジェクトに再投下され、更なる期待に応えていきます。連綿と実施され続けていく資金投下の妥当性は達成リスクを織り込んだ目標設定ができる

内部収益率（IRR）でなければ判断できません

十分なIRRが達成できない場合、配当や償還で株主に資金を返さなければなりません。

新しいアドバイス
十分なIRRの代替案がない場合、純資産は償還しなければなりません

WACC を背負って調達される事業資金

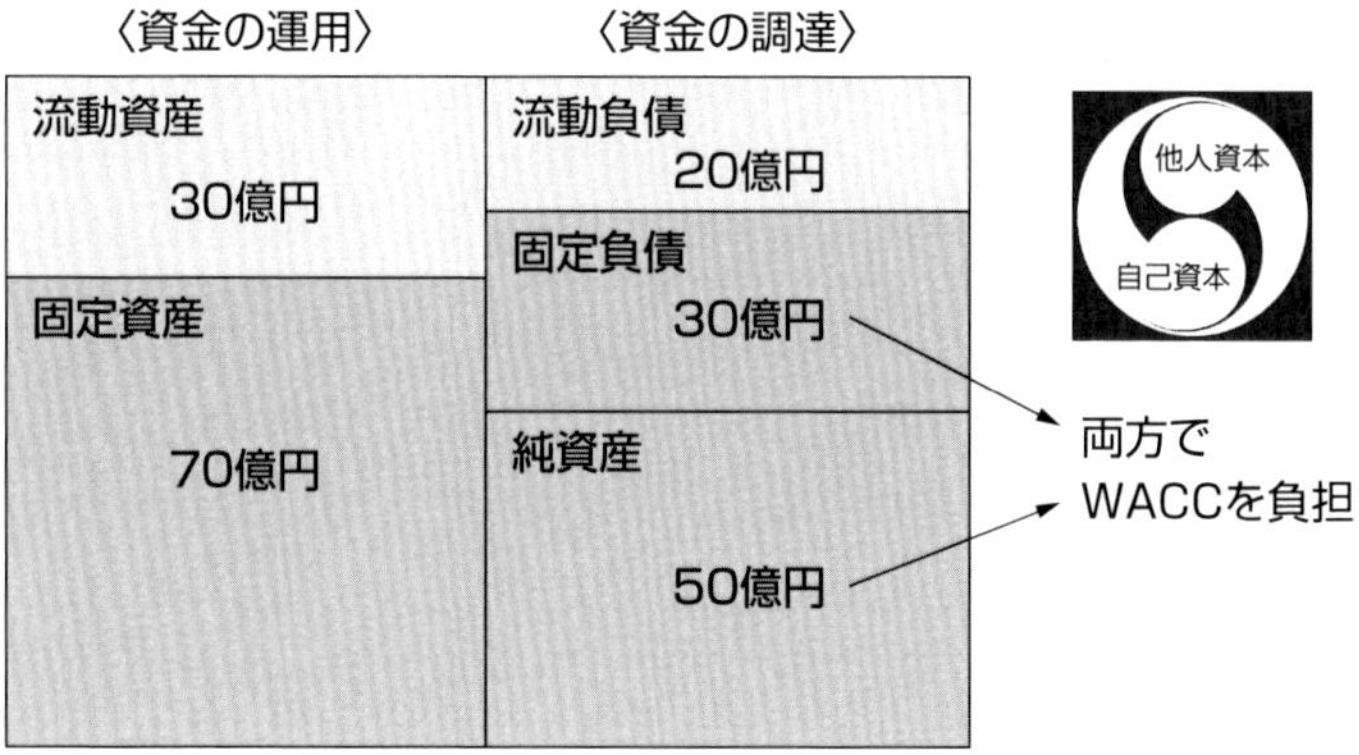

株式会社の根本的使命

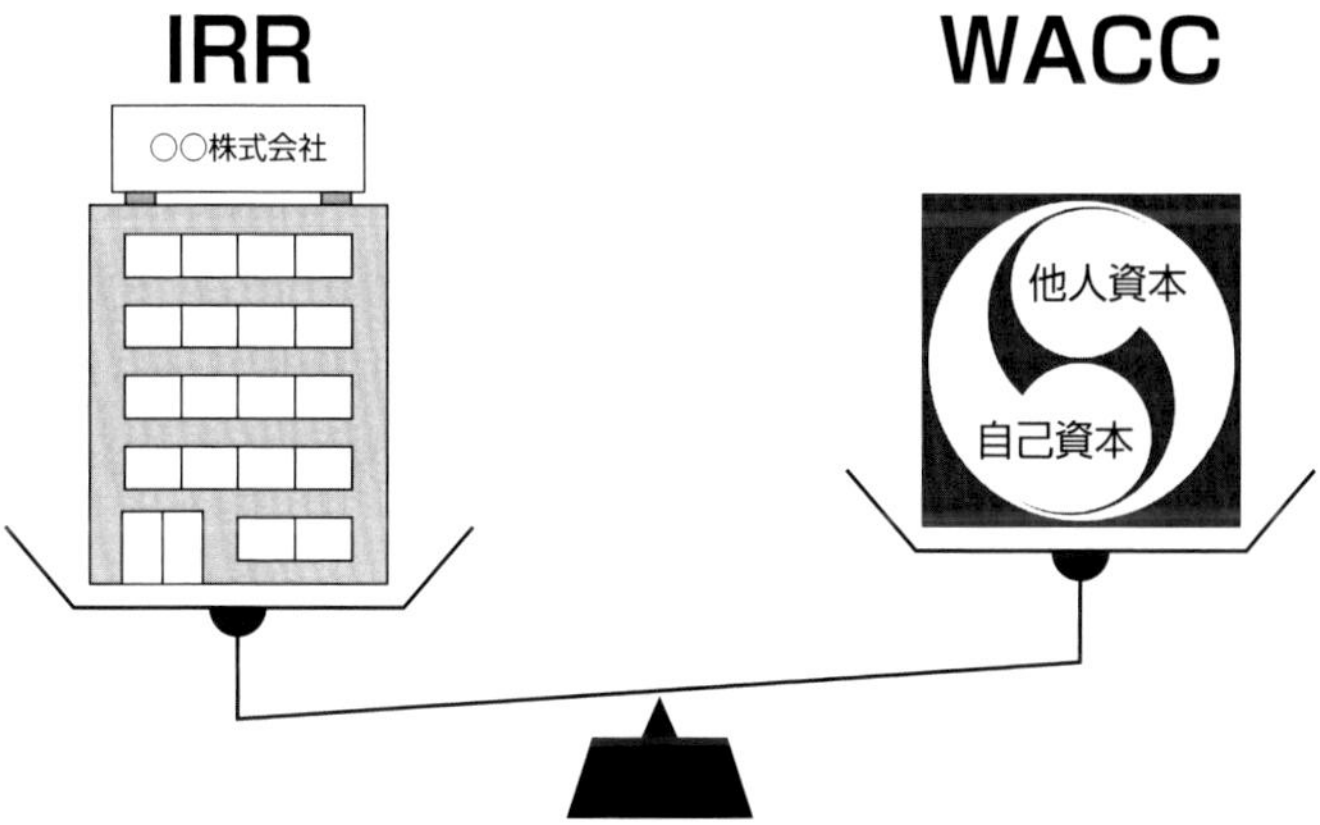

第69話 V字回復への行動／研究開発プロジェクトにも応用

様々な活動が、内部収益率法でシミュレーションできます

◆正味現在価値法や内部収益率法は、設備投資プロジェクトのためだけの評価方法だと思われがちですが、社内の様々なプロジェクトのシミュレーションにも積極的に用いられるべきものです。

◆例えば研究開発プロジェクトをシミュレーションする場合、そのプロジェクトを実施した結果として増減する付加価値と固定費を表に書き出した上で、毎年の収支を明らかにしてみましょう。この収支からプロジェクトの内部収益率を求めることができます。この際に注意すべきことは以下の通りです。

✔ お金の**実際の出入**にのみ注目する
✔ お金の**出入と乖離する費用**は計上しない（減価償却費等）
✔ **不確実性に配慮**して、目標のＩＲＲはかなり高めに設定する

もし計算された内部収益率（ＩＲＲ）が十分でなければ、研究開発費の投入を時間的に分散したり、固定資産の取得のタイミングを変えたりすることなどで、数値を改善していくことができます。

新しいアドバイス
WACCが未達成なら、市場から淘汰されてしまうのが資本主義です

研究開発プロジェクトの管理

	A	B	C	D	E	F	G
1	単位：億円						
2		現在	1 年後	2 年後	3 年後	4 年後	5 年後
3	売上の変化		30	80	200	120	80
4	コストの変化		−27	−68	−176	−114	−76
5	付加価値増減		3	12	24	6	4
6							
7	ヒトへ						
8	研究開発費	−2	−0.5				
9	保全費		−0.1	−0.1	−0.1	−0.2	−0.3
10	モノへ						
11	研究開発費	−10	−2				
12	設備投資		−12				
13	収支	−12	−11.6	11.9	23.9	5.8	3.7
14							
15	内部収益率	30 %	=IRR（B13：G13）				
16	正味現在価値	11.5	=B13+NPV（10%，C13：G13）				
17	単純収支	21.7	=SUM（B13：G13）				
18							

会社の資本コスト（WACC）は 10 %とする

会社の WACC	**10 %**
プロジェクトの IRR	**30 %**
判断	**GO ！**

第70話

V回復への行動／キャッシュフローと損益計算を整合

WACCが達成されなければ、年金制度や退職金も破綻してしまいます

◆一般に、研究開発や設備投資プロジェクトなどで計画されたキャッシュフローやIRRは、事後的に検証されることが少ないようです。しかし、プロジェクトの結末をしっかり検証し、成功はさらに広く展開し、失敗には適切に手当てしていかなければ、同じ失敗が何度も繰り返され、

会社は未来を失います

◆実は、先に第9話で検討した新しい損益計算とIRR法の計算シートは似ているのです。それにより、IRRで計画し、P／Lで実行管理をすることができます。

- ✔ **売上高やコストの動き**
- ✔ **付加価値の変化**（付加価値額、付加価値率）
- ✔ **付加価値の分配**（ヒトの生産性、設備の生産性）
- ✔ **最終的に資本コストを担えたか？　収支はどうだったのか？**

などを確認します。異常があれば迅速に手当てして損失の拡大を食い止め、新たなチャンスを掴み、次のプロジェクトに向かってさらに進化していくことができます。

新しいアドバイス

新しい損益計算と勇気ある決断で、大胆な経営革新を実現しましょう

IRRによるプロジェクトの計画

（単位：億円）

	現在	1年後	2年後	3年後	4年後	5年後	6年後
売上増		30	80	200	120	80	50
変動費増		−27	−72	−180	−108	−72	−45
変動利益増		3	8	20	12	8	5
固定労務費	−2	−0.6	−0.1	−0.1	−0.1	−0.2	−0.2
設備投資	−10	−14					
収支	−12	−11.6	7.9	19.9	11.9	7.8	4.8

IRR（−12，−11.6，7.9，11.9，7.8，4.8）＝30％

新しい損益計算による実行管理

（単位：億円）

	現在	1年後	2年後	3年後	4年後	5年後	6年後
売上高		30	80	200	120	80	50
コスト		−27	−72	−180	−108	−72	−45
付加価値		3	8	20	12	8	5
固定労務費	−2	−0.6	−0.1	−0.1	−0.1	−0.2	−0.2
即時償却	−10	−14					

会社の株価を回復するためのヒント

内部収益率法（IRR 法）には馴染みがない方が多かったかもしれません。国内で最も多いのは勘と気合法、次に多いのは回収期間法だと言われているからです。勘と気合法は論外としても、回収期間法にも致命的な限界があったことを私たちは理解しなければなりません。それは

資金の運用責任

という視点が抜け落ちていたことです。例えば 100 万円を投入し 100 万円を回収したのでは全く WACC を担えません。WACC への責任という視点の欠如は、一般的な将来価値の説明、誤った損益分岐点の設定、無借金経営神話にもみられる問題ですが、それでは株式会社の本質的な使命を果たせないのです。

設備投資の失敗は挽回不能で固定資産回転数も悪化させるのですから、そもそも最初からきちんと計画しておくべきです。仮に WACC を達成できなければ株価が低迷し敵対的買収の餌食になります。そして世界から抹消されるというのが資本主義社会の掟だからです。

減価償却方法として即時償却を推奨するのも、IRR の計画とその実行管理のための P/L をなるべく整合させ WACC の必達を目指すためです。厳しい時代ですが、力強く生き抜きましょう！

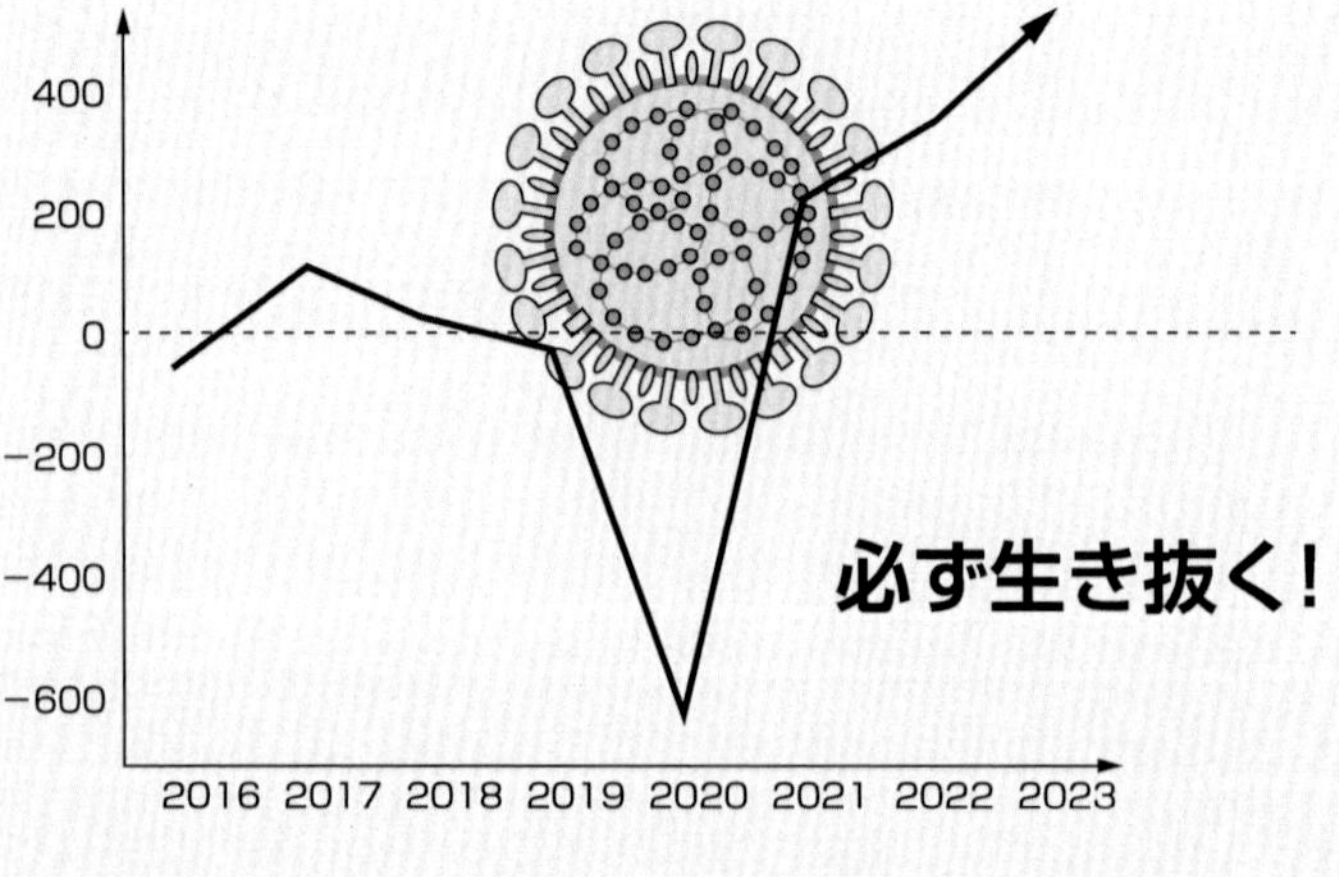

Ⅷ

流動比率と自己資本比率

―財務安全性を示すKPI―

第71話

どんなＫＰＩ？／流動比率って何ですか？

会社の支払能力を示すとされる財務会計の大物ＫＰＩです

◆流動比率は、流動資産と流動負債の金額から企業の短期的な支払能力を評価する有名なＫＰＩです。一般に流動資産は一年以内に現金化される資産、流動負債は一年以内に支払期限の到来する負債を指しますが、実質的にはサプライチェーン上の５つの在庫（材料↓仕掛品↓製品↓売上債権↓現金預金）が主な流動資産であり、この流動資産を調達するために借り入れた短期借入金と買入債務が主な流動負債です。これを

正常営業循環基準と呼びます

◆流動比率は「流動資産÷流動負債」で計算されます。仮に流動比率が１００％を超えている（つまり流動資産が流動負債を上回っている）状態なら、会社の直近の支払能力が支払義務を賄って余りあると考え、財務安全性があると判断します。なお、現実の流動資産には不良在庫なども含まれてしまうため、売上債権や現金預金といった換金性の高い

当座資産だけで計算されるＫＰＩが当座比率です

財務安全性と言えば響きは良いですが、見方を変えれば「どれだけお金を寝かしているか」ということでもあり、多くの会社で在庫削減活動との矛盾が生じています。

新しいアドバイス　**流動比率は、会社がお金をどれだけ寝かしているかを示す指標です**

流動比率の計算

B/S

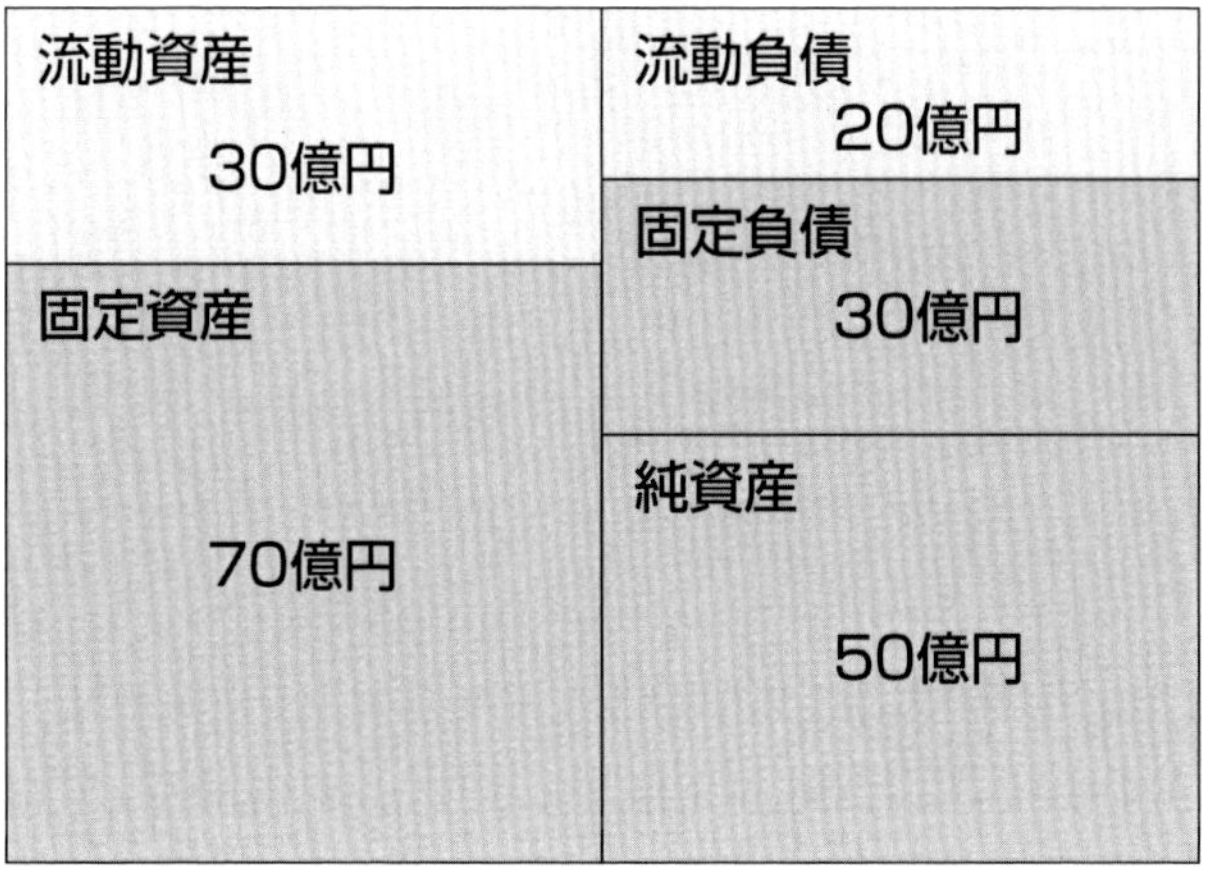

※流動資産30億円のうち、20億円が当座資産だったとする

流動比率
＝流動資産÷流動負債
＝30億円÷20億円
＝150%

当座比率
＝当座資産÷流動負債
＝20億円÷20億円
＝100%

第72話

どんなKPI？／バランスシートは○秒で読める？

流動比率では財務安全性の判断をします

◆流動比率は、流動資産と流動負債を比較するだけで読み取れるので簡単です。「バランスシートは○秒で読める！」などと表現される時のポイントも大抵はこの流動比率です。もちろん

流動資産＞流動負債であることが望ましく

理想的には200％程度を超えれば安泰とも言われます。流動比率が十分に高い会社は財務的な安全性が高いと判断されるでしょう。逆に、流動比率が100％未満（すなわち、流動資産＜流動負債）の会社は資金繰りが厳しく、自転車操業を強いられているのだろうと判断されます。

◆ただし流動比率は高いほど良いわけでもありません。昨今、在庫が叩かれたり、会社の内部留保が多すぎるとの指摘もあります。しかし真に留意すべきは流動比率であり、それが高すぎるなら大問題です。なぜなら

多額のお金を寝かしている

ことの直接的な証拠になるからです。

新しいアドバイス

お金が寝ているのは内部留保でなく流動比率が高すぎる会社です

A 社の貸借対照表…順調な経営と判断される

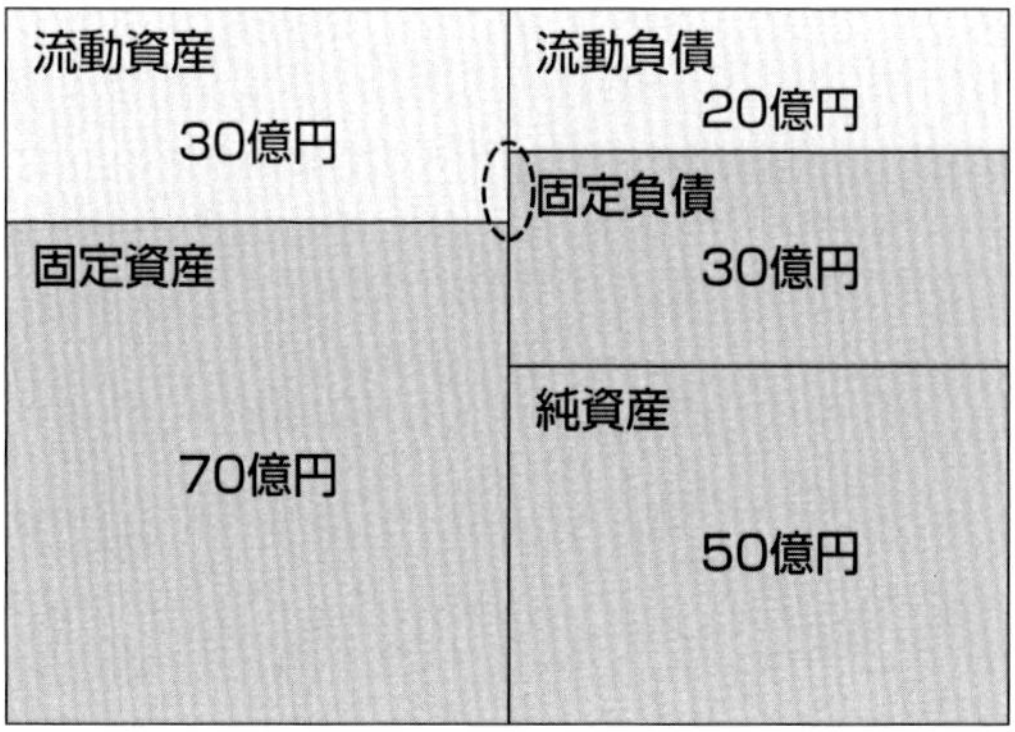

流動比率：30億円 ÷ 20億円 ＝ 150% ＞ 150%

B 社の貸借対照表…自転車操業と判断される

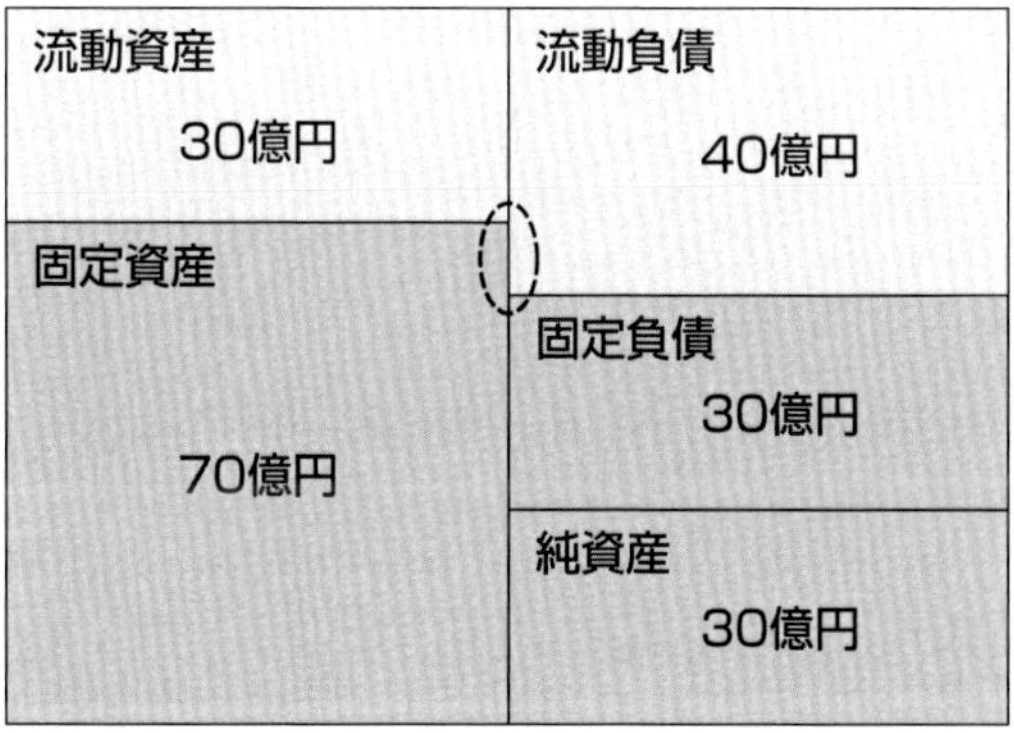

流動比率：30億円 ÷ 40億円 ＝ 75% ＜ 100%

第73話

従来のKPIの限界／成長性と安全性の激突！

これは「見せるためのKPI」が生み出してきた弊害です

◆流動比率と在庫回転数は相反するKPIであり、様々な矛盾を生じてきました（他人資本の目線の安全性と、自己資本の目線の成長性の衝突）。そのため、当座資産（売上債権や現金預金）を在庫や在庫回転数の計算から除外することで、高い在庫回転数と高い流動比率を両立させるという巧妙な対策（？）が行われています。すなわち、

在庫を減らす一方で、当座資産と現金預金は寝かす

のです。巧みな会計的解決策ではありますが、本当にそれが会社にとって目指すべき姿なのかどうかについては大いに疑問も残ります。

◆「在庫を寝かすことはお金を寝かすこと」だと言い、全社を挙げて在庫削減をしておきながら、一方で当座資産（売上債権や現金預金）を多額に寝かしていたのでは全く意味がありません。必要な在庫（特に原材料在庫）を過度に削減してしまえば機動的な調達戦略（※1）や販売戦略（※2）の発動も困難です。これもまた見せるためのKPIが生み出してきた弊害の一つだったと言えるでしょう。

（※1）近年、原価に占める材料費の比率が非常に高くなっています。
（※2）近年、各社の製品の差は少なくなり、売り方や納期が勝負どころです。

新しいアドバイス　**見かけを整えることと、実際を良くすることは、全く別の活動です**

ある会社の流動資産の内訳

資産の部	
流動資産	
現金及び預金	76,093
受取手形及び売掛金	143,133
商品及び製品	14,856
仕掛品	7,513
原材料及び貯蔵品	10,889
その他	18,011
流動資産合計	270,495

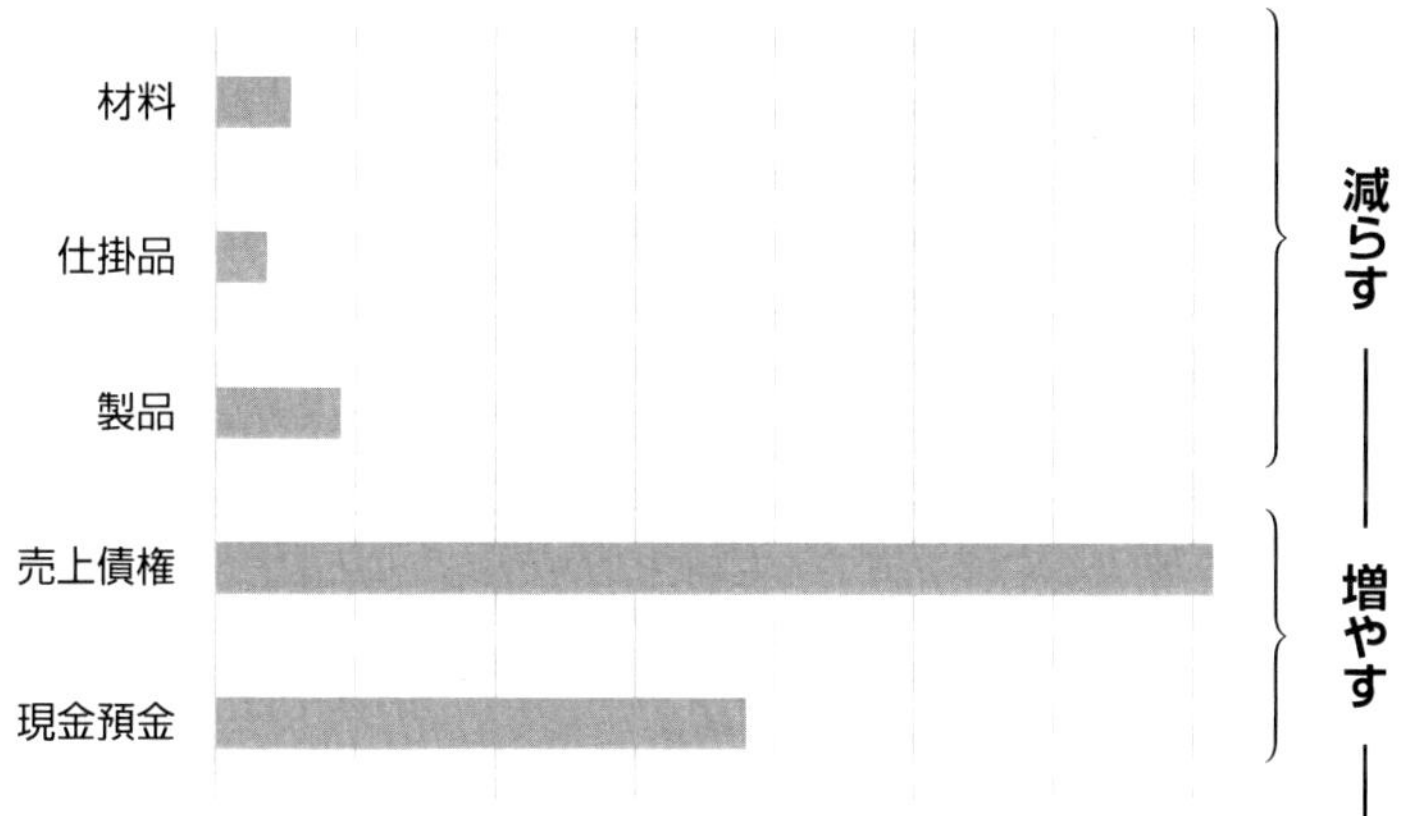

在庫回転数はGOOD!
流動比率もGOOD!
でも、本当にそれが目指す姿なのか？

第74話

V字回復への行動／流動比率の目標値を見直す

高すぎる自己資本比率と、高すぎる流動比率が株価の低迷を招きます

◆従来、財務安全性の観点からは

流動比率＞２００％

自己資本比率＞50％

を目指すべきとも言われてきました。他方、会社の成長性や経営効率の観点から、在庫回転数は高い方が良いとされてきたため矛盾を生じ

会社が何を目指すべきなのか？

がわからくなってしまっています。このままでは業績回復は困難です。

◆従来の流動比率や自己資本比率と在庫回転数の両立を目指せば、高コストを負担して調達された純資産（自己資本／第17話参照）を、当座資産（現金預金や売上債権）の形で多額に寝かしておかなければなりません。これでは株主は失望し株価低下を招きます。ここにも自己資本はタダという誤解があったようです。流動資産から不良債権や不良在庫をしっかり除外して財務安全性を担保しつつも

流動比率の目標値は、もっと下げなければなりません

新しいアドバイス　**高い流動比率の維持が、経営の足枷になっていませんか？**

ある会社の貸借対照表（B/S）

在庫は足りない！　お金は寝ている…

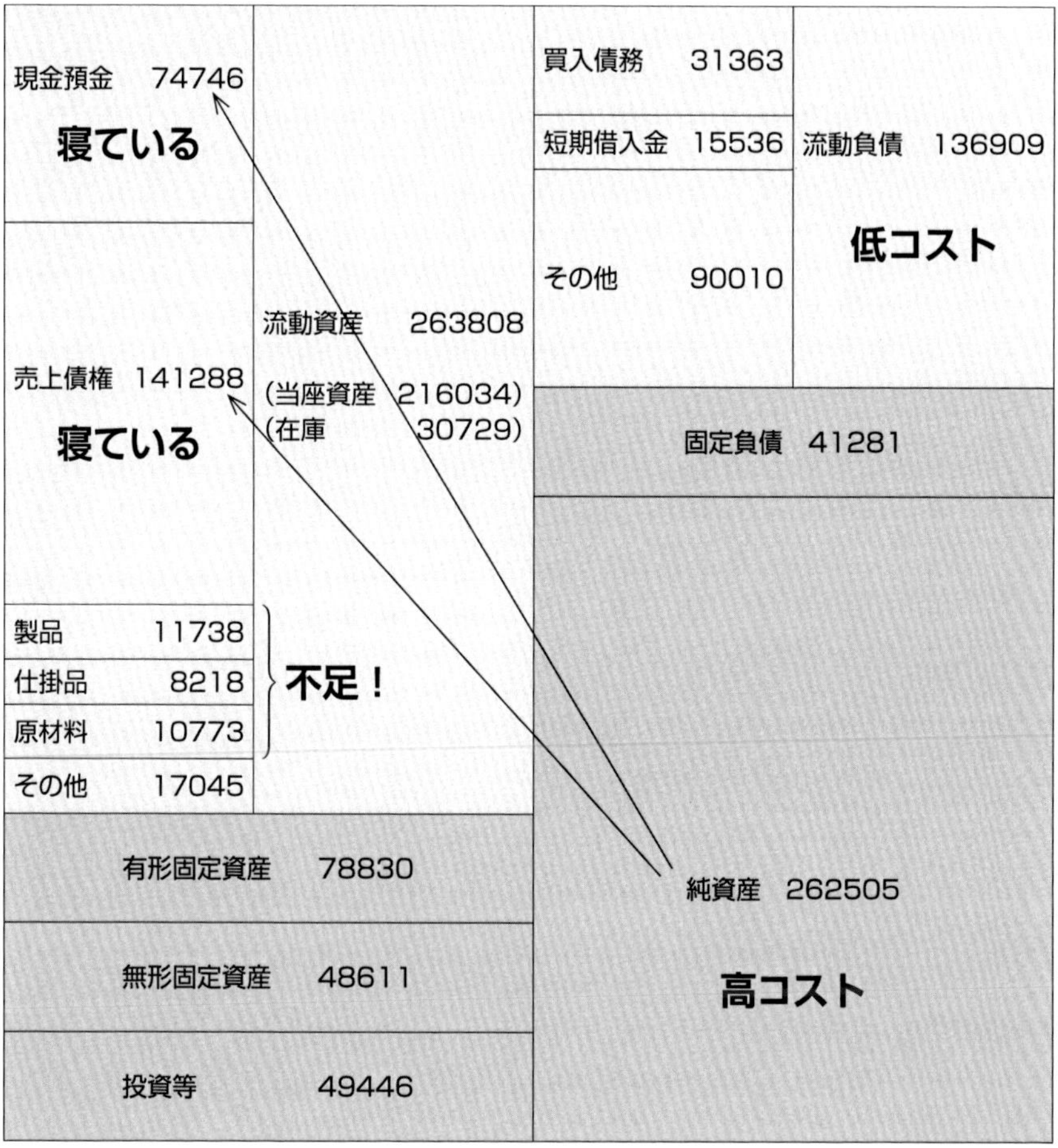

P/L の売上高は 391433 だった

流動比率　263808÷136909＝193％
当座比率　216034÷136909＝158％
在庫回転数　391433÷30729＝12.7 回転
自己資本比率　262505÷(136909＋41281＋262505)＝60％

第75話

V字回復への行動／付加価値で流動比率の目安を知る

流動比率を使って、お金がムダに寝ていないかを点検できます

◆流動比率は低すぎても高すぎてもよくありません。適正な流動比率の目標がどの程度であるべきかをサプライチェーンの動きから考えてみましょう。運転資金を投じて購入された材料は、加工費を投じられて製品に形を変え、販売されて売上債権になった時点で価値のピークに達します。在庫がサプライチェーンの中で次々と価値を増していくことから考えれば、「流動資産＞流動負債」であることは当然であり、

流動比率は必ず100％を超えていなければなりません

◆その一方で、流動資産の金額は、購入した材料費に投入された加工費や販売時の付加価値以上には増えませんから、流動比率の適正な上限も自ずと決まってくることになります。

この上限を大きく超えている場合には

サプライチェーンの回転に直接関係のない資金をムダに寝かしているとも考えられ注意が必要です。在庫全体の水準を適正化するための一つの目安も得られます。

新しいアドバイス

流動比率が高すぎる会社は、高コストな自己資本をムダにしています

流動比率の適正値とは？

B/S

原材料	12	買入債務	40
仕掛品	5	短期借入金	20
製品	8	その他	10
売掛金	50		
現金	15		
その他	10		
流動資産	100	流動負債	70

P/L

売上高	150
－材料費	80
－変動労務費	12
－外注加工費	15
－外注物流費	8
－在庫金利	5
＝付加価値	30

上限とすべき在庫※の目安

（買入債務＋短期借入金－原材料）×（売上高÷材料費）

＝（40＋20－12）×（150÷80）＝90

90＋原材料（12）＝102

※原材料＋仕掛品＋製品＋売上債権＋現金

上限とすべき流動比率の目安

棚卸資産の目安÷（買入債務＋短期借入金）

＝（102）÷（40＋20）

＝170％

内部留保が多すぎる？

昨今、企業の内部留保が多すぎるのではないか、という議論がありますが、幾つかの誤解もあるようなので注意してください。

＊＊＊＊＊＊＊＊＊＊＊＊＊＊＊＊＊＊

＜誤解１＞内部留保が多い⇓従業員に還元されていない

従業員への還元が十分だったか否かは、内部留保では読み取れません。給与が増えない理由が、会社全体の業績不振なのか／会社の厳しい方針によるものなのか、を見わけるには、会社が稼いだ付加価値全体と、それがどのようにヒト・モノ・カネに分配されたかを知る必要があります。

（第7話参照）

＊＊＊＊＊＊＊＊＊＊＊＊＊＊＊＊＊＊

＜誤解２＞内部留保が多い⇓株主に還元されていない

配当されてもされなくても、内部留保は株主資本であり、株主のものです。

＊＊＊＊＊＊＊＊＊＊＊＊＊＊＊＊＊＊

＜誤解３＞内部留保が多い⇓お金が寝ている？

内部留保は事業資金の調達方法であって、実際にお金が寝ているかどうかは流

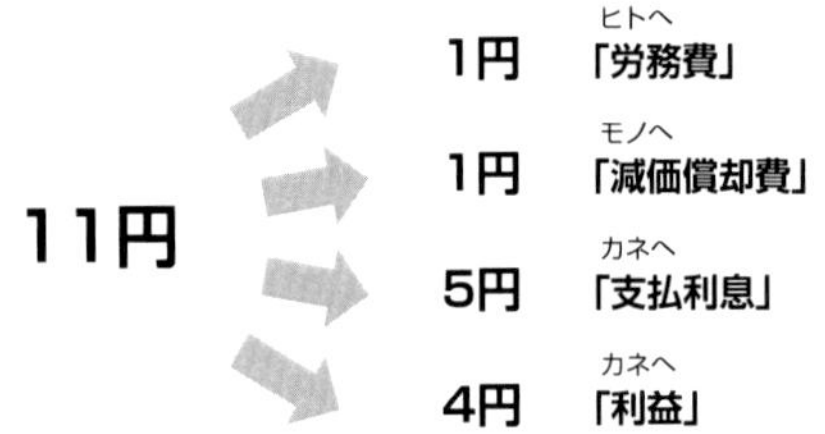

動比率を調べる必要があります。

（第73話参照）

＊＊＊＊＊＊＊＊＊＊＊＊＊＊＊

＜誤解4＞内部留保が多い⇒会社だけが得をしている

配当されなくても、内部留保は株主資本であり、株主のものです。株主資本は実質的に会社の「値段」を示していますから、株主資本の増加＝株価上昇です。ところで退職金や年金は資金運用（株式投資を含む）で支えられていますから、内部留保の増加は社会にとっても良いことなのです。

＊＊＊＊＊＊＊＊＊＊＊＊＊＊＊

＜誤解5＞内部留保はタダの事業資金

会社は資金運用の責任（ＷＡＣＣ）を負っており、内部留保と言えどもタダではなく、株主から運用を託されたお金であることを忘れてはなりません。ＷＡＣＣが達成されなければ（すなわち、内部留保がしっかり増やせなければ！）、株価は低迷し、退職金や年金制度も崩壊してしまうのです。

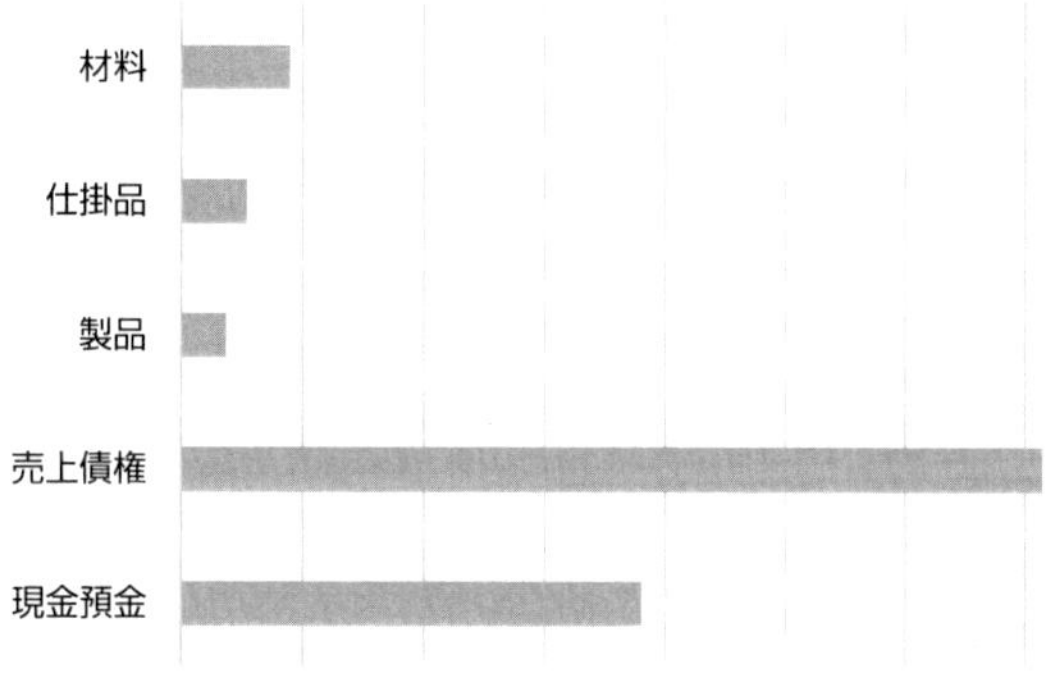

第76話

どんなＫＰＩ？／経営を安定化する自己資本

自己資本比率が高ければ、長期的な視点で経営ができます

◆自己資本比率は、返済義務のない自己資本（≒純資産）が会社全体の資金調達額の何％なのかを示す指標です。自己資本比率が高いほど経営は安定すると言われますが、そこには自己資本＝タダという誤解もありました。実は自己資本は、株主が高いリスクを背負い高いリターンを期待して行う株式投資でした。運用成績が悪ければ株は捨て売りされ、株価は暴落し、敵対的買収によって会社は消滅するのです。

他人資本（資金提供者にとっての債券投資）⇒**低リスク・低利回り**
自己資本（資金提供者にとっての株式投資）⇒**高リスク・高利回り**

◆それでも自己資本比率が十分に高ければ、会社は長期的視点から

思い切ったプロジェクトの実行が可能になり

力強い成長に繋げられます。その意味でなら経営の安定化に貢献すると言えるでしょう。内部留保も同様で、高利回り（ＷＡＣＣ）がきちんと実現されている限りは株価を支え、それが回りまわって年金制度などの大切な礎になっていくのです。株主不在の発想を改め、力強い経営で会社の成長と社会の発展を目指しましょう。

新しいアドバイス　**直接の返済義務はなくても、自己資本は高コストな事業資金です**

自己資本比率

B/S

資産	負債・純資産	
流動資産 30億円	流動負債 20億円	他人資本
	固定負債 30億円	
固定資産 70億円	純資産 ←内部留保を含む！ 50億円	自己資本

自己資本比率
＝純資産÷総資産
＝純資産÷（流動資産＋固定資産）
＝50億円÷（30億円＋70億円）
＝50%

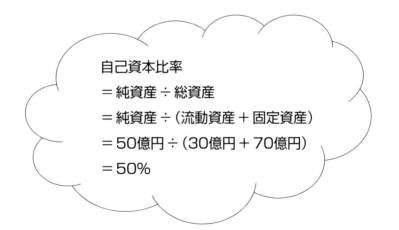

第77話 従来のKPIの限界／減価償却が自己資本を揺るがす

減価償却の恣意性が様々なKPIに深刻な影響を及ぼします

◆固定資産についても従来のKPIを見直すべき場面がありました。例えば固定資産には

① **減価償却が必要**な固定資産（建物や生産機械など）

② **減価償却が必要ではない**固定資産（土地など）

がありますが、減価償却には様々な方法がある上に、見積もり要素も多く（耐用年数など）恣意性が高い会計処理です。さらに特注された生産機械などは、使用開始と同時に転売価値を失って簿価との著しい乖離を生じます。

◆不確実な見積もりや恣意性、簿価との乖離を解消するためには即時償却が有効です。ただし固定資産を即時償却すれば（今まで見えていなかった）欠損金が現れたり、他の重要KPIにも影響が及びます。固定資産が減れば純資産（自己資本）も減るからです。減価償却が不安定なら固定資産額や自己資本が揺らぎます。即時償却を励行したら

自己資本比率、ROA、ROEなども見直さなければなりません

新しいアドバイス

減価償却が不安定なため、様々なKPIが砂上の楼閣と化しています

即時償却前の自己資本比率

自己資本比率
50億円÷(20億円＋30億円＋50億円)＝50%

即時償却後の自己資本比率

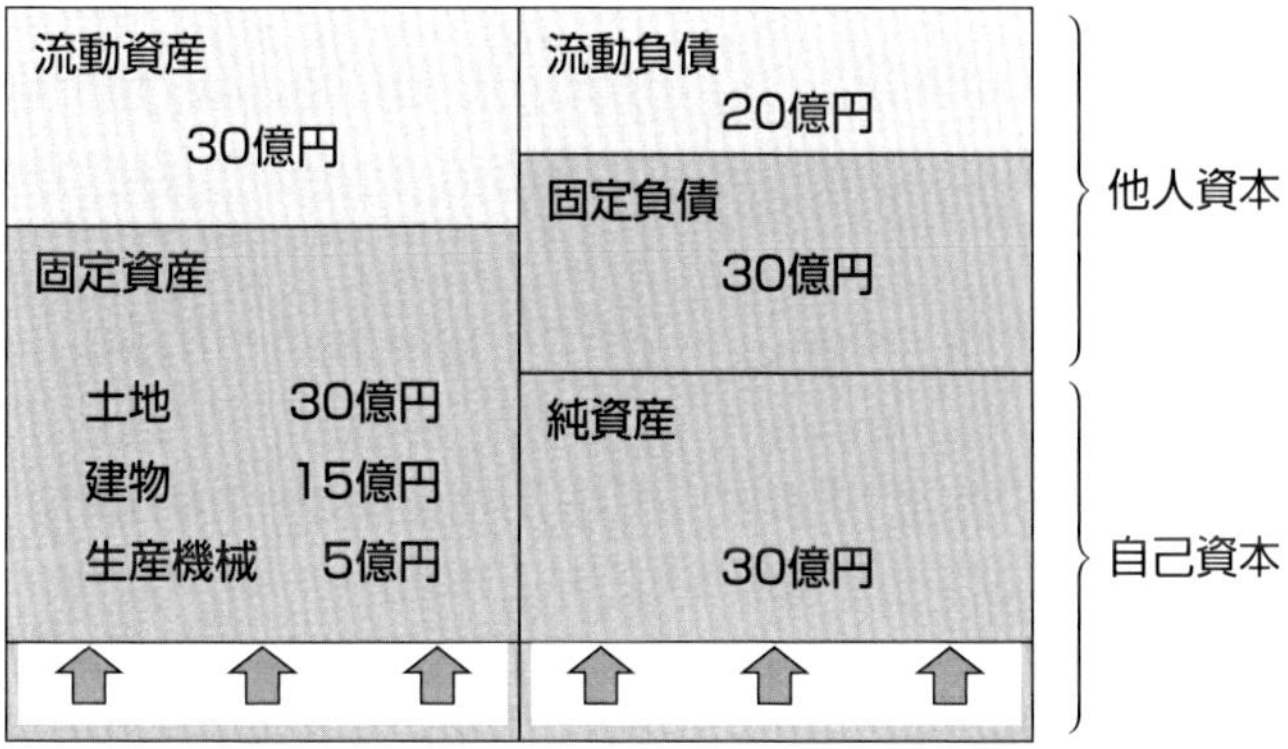

自己資本比率
30億円÷(20億円＋30億円＋30億円)＝37.5%

第78話

V字回復への行動／ROAとROEの再定義

「全体÷全体」を見るか？「株主分÷株主分」を見るか？

◆ROA（Return On Asset／総資産利益率）は、会社の総資産が利益獲得のためにどのくらい効率的に利用されたかを表す重要なKPIです。しかし分母が資産全体であるのに対し、分子が利益（すなわち、付加価値の株主取り分）であったことがアンバランスでした。また、利益は付加価値の分配の過程で操作できるため（第8話参照）、

事業の真の実力を示さないことがあります

そこで分子を利益から付加価値全体に修正すれば「**全体 対 全体**」の比較になり、安定したKPIになることが期待されます。

◆他方、ROE（Return on Equity／自己資本利益率）は、分母が自己資本（≒株主資本）、分子が株主利益なので「**株主 対 株主**」という意味でバランスは取れていますが、利益操作の余地は免れません。そこでいったんは会社全体の生産性を求めた上で、それがどのように株主に分配されているかを明らかにすれば、会社の状況や実力を示す良いKPIになると考えられます。

新しいアドバイス **従来は付加価値（全体）対利益（株主取り分）という意識が希薄でした**

従来の ROA（総資産利益率）

$$\frac{\text{付加価値の株主取り分}}{\text{総資産}} \Rightarrow \frac{\text{株主}}{\text{全体}}$$

※付加価値の株主取り分を「利益」と呼ぶ
※総資産＝他人資本＋自己資本
※自己資本≒株主資本
※分母⇒全体、分子⇒株主取り分なのでアンバランス

再定義された ROA（総資産付加価値率）

$$\frac{\text{付加価値（全体）}}{\text{総資産}} \Rightarrow \frac{\text{全体}}{\text{全体}}$$

※分母⇒全体なので、分子も付加価値全体に修正
※総資産＝他人資本＋自己資本
※自己資本≒株主資本
※分母⇒全体、分子⇒全体なのでバランス回復

再定義された ROE（自己資本利益率）

$$\frac{\text{利益}}{\text{自己資本}} = \underbrace{\frac{\text{付加価値（全体）}}{\text{自己資本（株主）}}}_{\text{生産性}} \times \underbrace{\frac{\text{付加価値（株主取り分）}}{\text{付加価値（全体）}}}_{\text{分配率}}$$

※付加価値の株主取り分＝利益

第79話

従来のKPIの限界／誤ったKPIによる事業の末路

日本経済や株価低迷や年金制度の破綻の本当の原因はここにありました

◆かつてはジャパンアズナンバーワンと称えられ輝いていた日本経済と日本のモノづくりですが、その後、次々とほかのアジア諸国に追いつかれ、近年では全く元気がありません。アメリカやヨーロッパとの比較においても日本経済の不調は明らかです。日本経済の不調の原因は製造業の不調でしょう。そしてその製造業の不調の背景には、適切に

機能を果たせなくなったKPIがありました

◆そこには自己資本のコストがタダという誤解に発する様々な問題がありました。それ故に資本コスト（WACC）全体の達成を目指した思い切った経営革新に踏み切れない場面があったのです。さらには生産性（ヒトの生産性、固定資産の生産性）の低迷を直視してこなかったことによる問題もありました。結果としてビジネスモデルの革新や、有意の人材の登用も困難だったのです。これらに適切に手当てするには

KPIの変革が不可欠です

そうしなければ経済の激変や世界の技術、テレワークの広がりなどにも対応できません。

新しいアドバイス　**経済の不調、会社の業績低迷、株価低迷の原因は、老朽化したKPIです**

日本の株主は損をした？

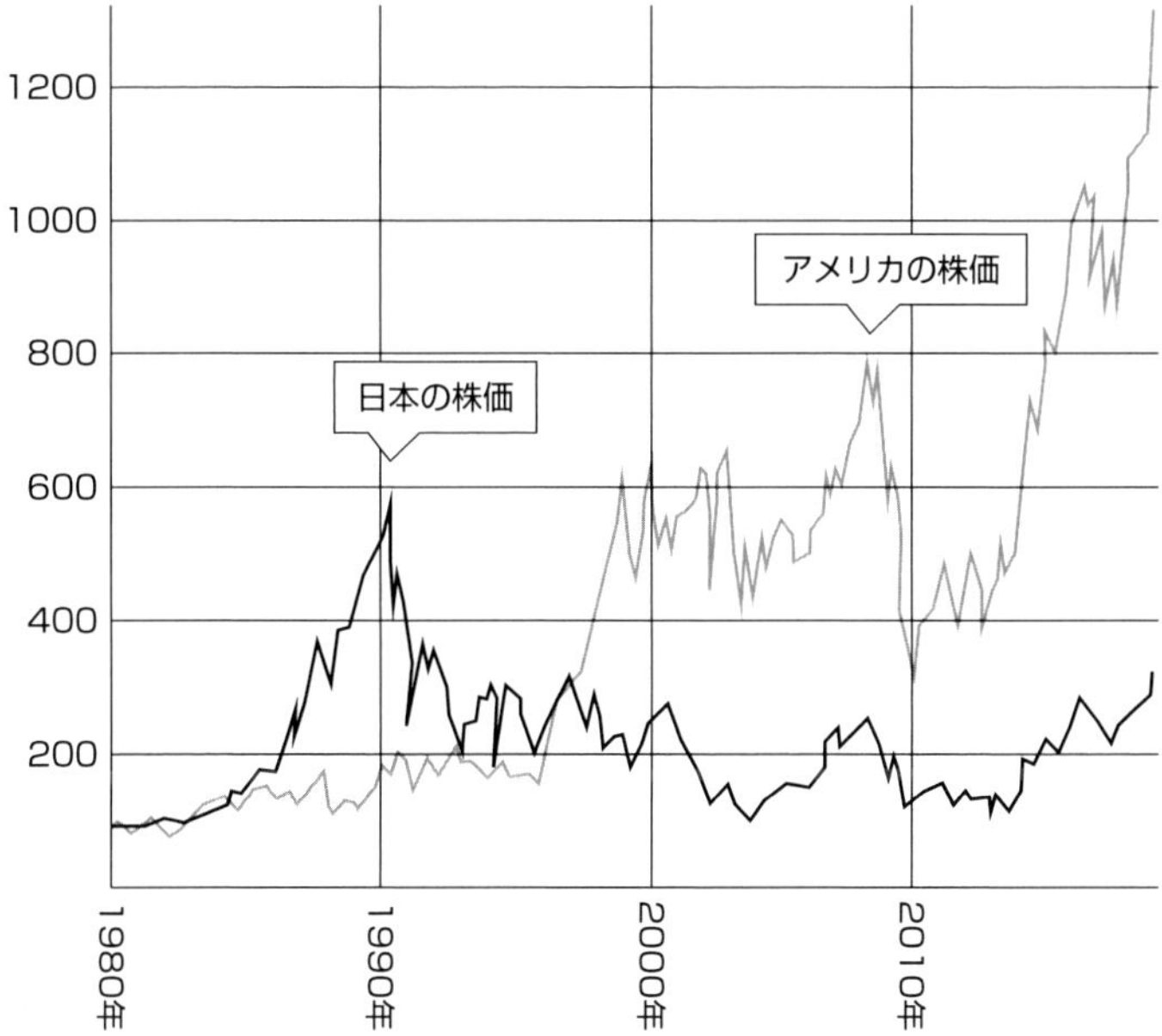

1989年　日経平均株価が過去最高水準

1995年　インターネット元年

1991年　バブル崩壊

2000年　ITバブル崩壊

2008年　リーマンショック

2011年　東北大震災

2020年　新型コロナ恐慌

第80話

従来のKPIの限界／先進国から脱落した日本

最下位の生産性が、私達の所得水準の低迷にも直結しています

◆日本のGDPは1960年代に世界第二位となりました。その後、オイルショックも乗り越えて成長を続け、アジアの近隣諸国を大きく引き離しています。しかし1995年をピークに日本経済は勢いを失います。この1995年はビジネスの流れが大きく変わったIT元年でもありました。その間、中国は目覚ましい成長を遂げ2010年には日本を追い抜いてアジアの覇者となりました。インドや韓国といった国々でも生産性は伸びており、低迷する日本に迫っています。今や日本の生産性は先進国最下位で

先進国グループから脱落しつつあります

◆生産性低下は所得水準の低下です。株価低迷も、年金や退職金の目減りという形で生活を圧迫しているのです。勤勉なはずの日本人の生産性が上がらない背景には、見かけのKPIに一喜一憂するばかりで、会社全体や従業員一人ひとりの努力の方向性の誤りを修正してこなかった

日本の経営セオリーの残念な現実がありました

今後も見かけだけで課題を先送りする会社と、事業の現実に向き合い勇気ある一歩を踏み出す会社…。社会が危機に直面している今、その運命は大きくわかれようとしています。

新しいアドバイス　**新しいKPIと経営で会社と社会を復活させ、生活水準を回復しましょう**

変わりゆく世界の風景

いつか利益さえ維持できなくなる

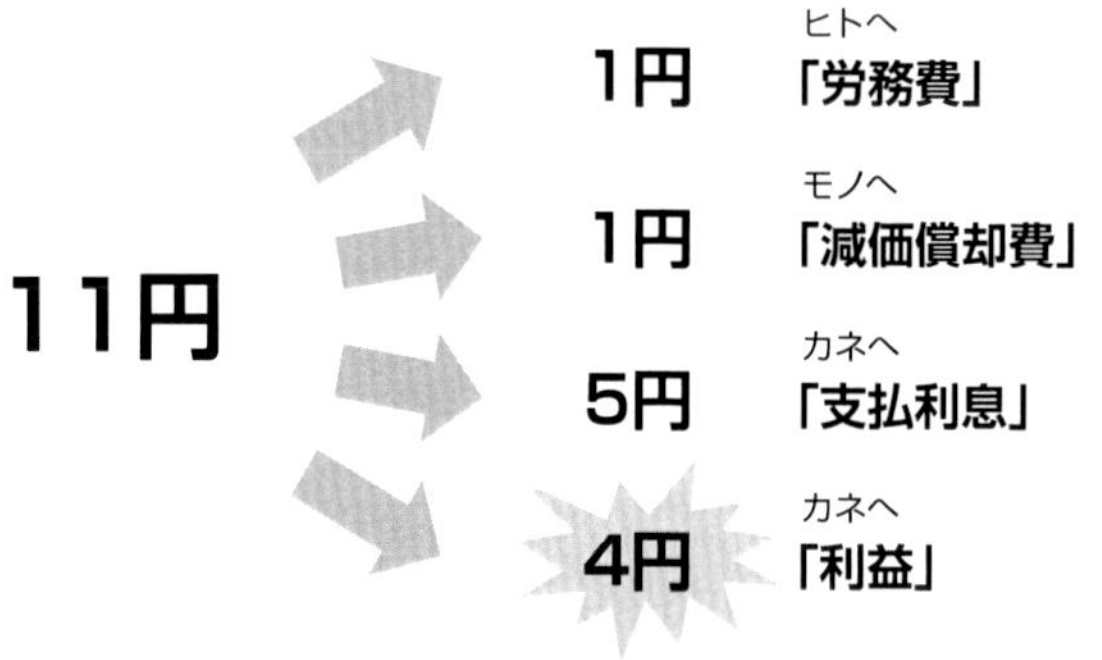

コラム

ベテラン経理マンの意識改革のヒント

流動比率は直近の支払能力を見る重要なKPIです。銀行等から借り入れた運転資金は事業活動の中で次第に価値を増していきます。サプライチェーンを一巡した時には付加価値分だけ価値が増えていなければなりませんから、流動比率は必ず100％を超えていなければなりません。もし100％を割っているなら、原価割れの販売、貸し倒れ、廃棄損などが多額にあった証拠です。とはいえ、流動比率が付加価値率を大幅に超えている状況もまた不健全です。それは過去の事業活動で稼ぎ出された利益を流動資産（お金）の形で寝かしていることを意味するからです。ここで本来なら、在庫回転数が下がって警報が出るべきですが、売上債権や現金預金などの当座資産を在庫とはみなさない会計慣行があるため、当座資産を多額に寝かせば流動比率のアップと在庫回転数のアップを巧妙に両立できてしまうのです。それが

ベテラン経理マンの腕の見せ所だったのかもしれません

しかし…全社を挙げて在庫削減を進める一方でお金そのものを多額に寝かしていたのでは悲劇です。厳しい時代を生き抜くために、今まで常識だった古いKPIを見直してみる必要があるのではないでしょうか？

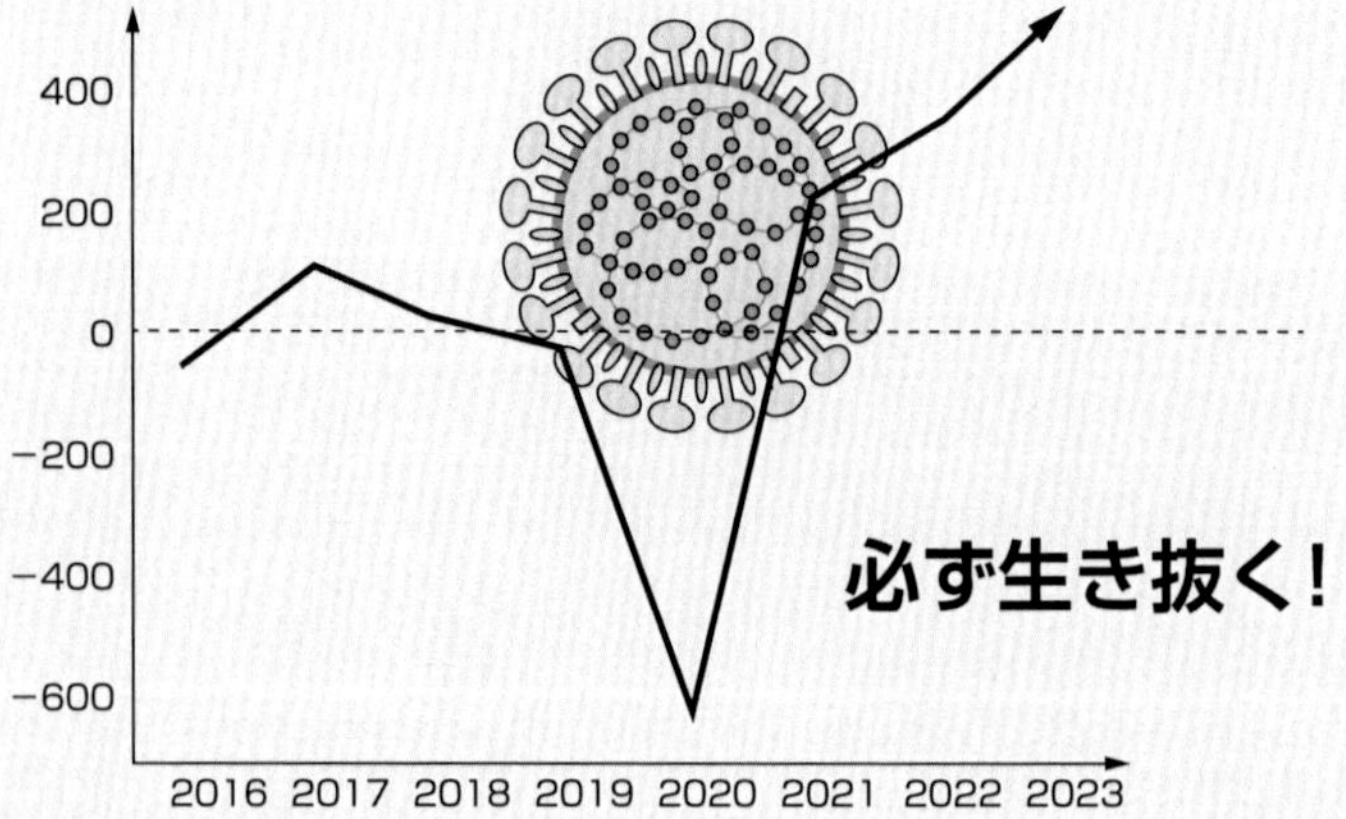

Ⅸ

付加価値会計

—新しいKPIを支える会計—

第81話 どんな計算？／全部原価計算とは？？

工場の直接費＋工場の間接費で売上原価を計算します

◆従来の財務会計の損益計算は、全部原価計算に基づいています。全部原価計算が「全部」と呼ばれるゆえんは、それが工場内に関わる全部の費用（直接費＋間接費）で売上原価を計算するからです。その一方で「全部」とは言いながら、

工場外の費用は管理から漏れ

販売費および一般管理費（販管費）にゴミ箱然と突っ込まれていました。そのため多くの弊害が生じています。新しい勝負所になりつつある物流費が適切に管理されなかったり、時代を生き抜くためのホワイトカラーの生産性が管理されない、などの問題があったのです。

◆更には、経営効率やリードタイムと直結する在庫金利や株式会社の根本責任として、厳しい運用責任を負う資本コスト（ＷＡＣＣ）が

「営業外」という区分にされていた

ために本業外の費用だと誤解され積極的に管理されてこなかったという問題もありました。

新しいアドバイス　**全部原価計算では管理できない活動が、会社にはたくさんあります**

全部原価計算による損益計算

全部原価計算で計算した原価

売上高
－売上原価　・・・工場内で発生する費用
＝粗利
－販売費および一般管理費　・・・工場外で発生する費用
＝営業利益
－支払利息　・・・営業外で発生する在庫金利など
＝経常利益

全部原価計算が扱う原価の範囲

	変動費	固定費
工場内	○	○
工場外	×（範囲外）	×（範囲外）
資本コスト	×（範囲外）	×（範囲外）

第82話

従来の計算の限界／配賦が会社をダメにする！

固定費配賦が、誤った経営判断と自滅のスパイラルを招きます

◆従来の全部原価計算に従って固定費の配賦をすると、さらに多くの弊害が生じます。その一つは、管理目標の異なる変動費と固定費（なるべく使わない／しっかり使う）を混ぜることによって生じる問題です。例えばある会社に二つの工場があり、安全上の理由で順番に設備更新をすることになりました。設備更新が先行した工場では副次的に歩留も向上して変動費が改善しましたが、設備更新による固定費配賦を嫌って稼働率が下がり工場はガラガラとなりました。他方、設備更新が遅れた

老朽工場は、固定費の配賦がないためフル生産となりました

結果的に会社全体のコストは増え、事故の危険性も高まったのです。別の会社では固定費が配賦される原価が高いからと、工場が空いているのに外注が選択されるという悲劇が起きています。新しいオフィスが敬遠され、古いオフィスが大人気という椿事もありました。

◆このように変動費と固定費を混ぜると優秀な資源が遊ぶという奇妙な現象が起こります。また、会社都合の固定費配賦は、「かかったものは仕方ない」という発想や、お客様への不合理な費用転嫁に繋がり、適切な売価を決める根拠にもなりません。お客様の支持を失う原因になります（**製造業自滅のスパイラル**）。

新しいアドバイス　**固定費を配賦すると優秀な資源が遊び、お客様の支持も失います**

全部原価計算の意思決定⇒老朽工場を使おう！

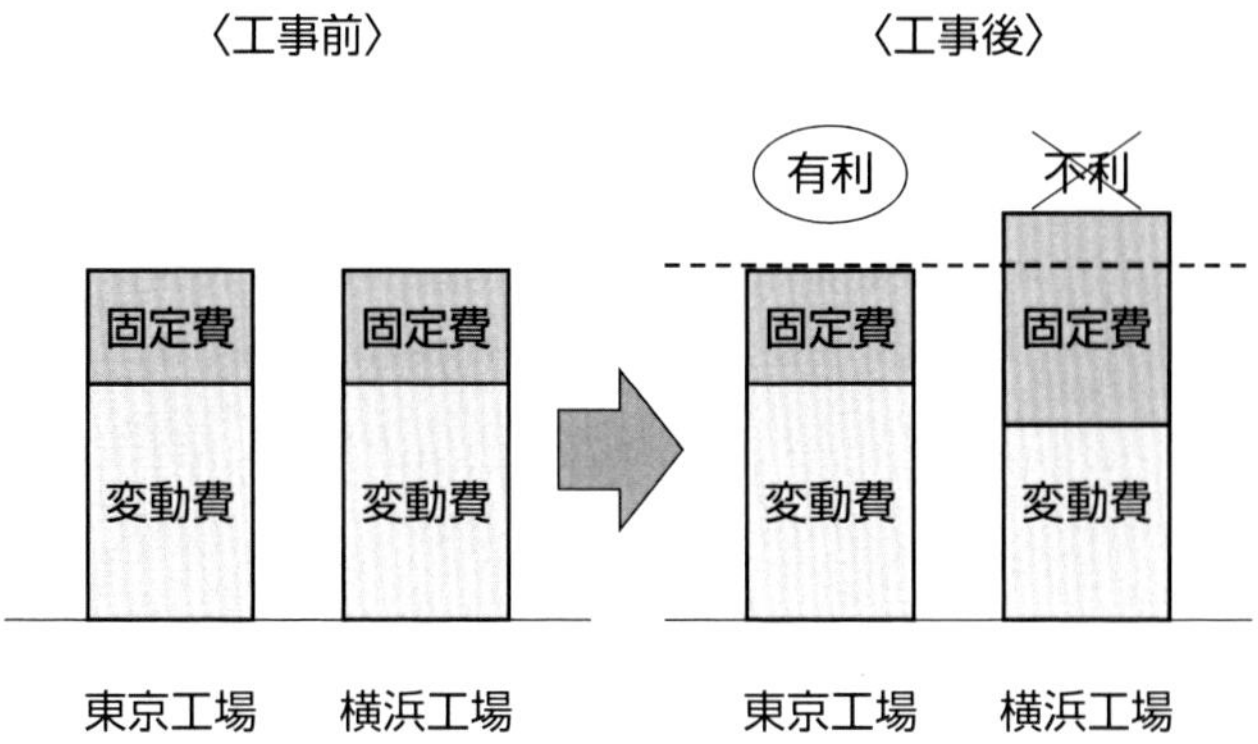

全部原価計算の意思決定⇒自滅のスパイラル

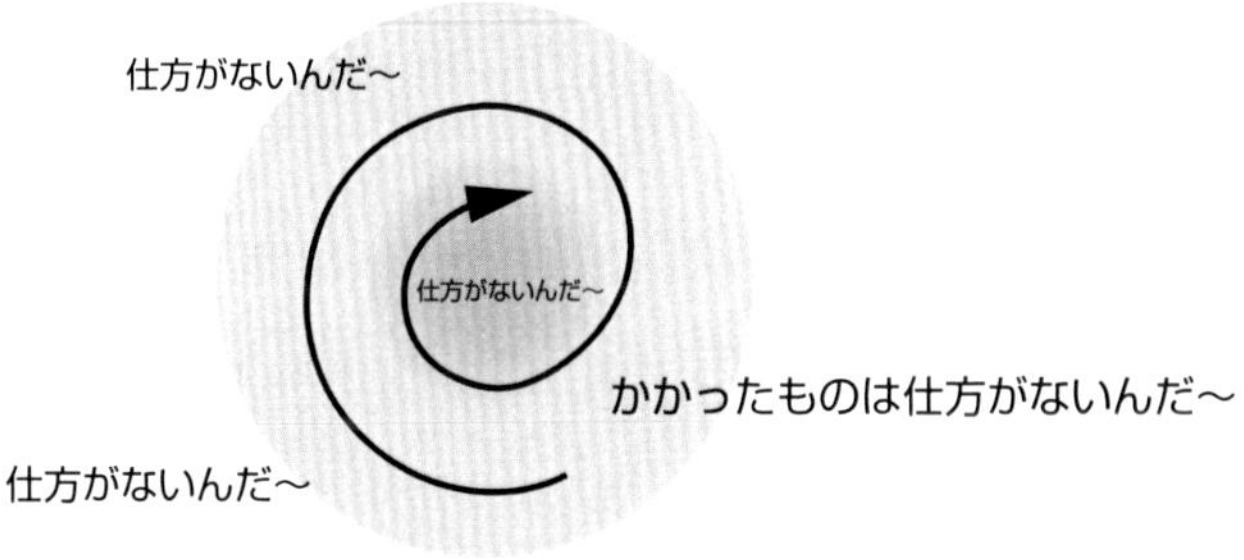

〈注意すべきこと〉

固定費は合理的な配賦が困難ですが、間接費には配賦すべきものがありますので、混同しないようにしましょう。なぜなら間接費≠固定費であり、直課されなかった一部の変動費を含むからです。

第83話 従来の計算の限界／正しいＫＰＩが計算できない！

事業活動の高度化で、売上原価と販管費は、もはや見わけがつきません

◆全部原価計算は工場内／外という区別を重視してきましたが、実は近年、工場内／外の費用の見わけがつかなくなっています。なぜなら今日では事業活動は高度化し、工場内／外の活動が一体化しているからです。そこに無理に線を引こうとすることで売上原価になる費用とならない費用や、配賦される固定費とされない固定費の区別が恣意的になり、費用の逃げ回りによる様々な会計操作の原因になります。これでは正しいＫＰＩが計算できません。

- ✔**製造固定費を販管費に付け替えて、コストダウンを装った**
- ✔**固定費の配賦率が、いつの間にか増やされていた**
- ✔**新規製品の原価を販管費に付け替えて、成功を装った**
- ✔**製造以外の変動費（コスト）は積極管理されていなかった**

◆操作された損益計算では事業の本当の課題が浮かび上がってきません。課題への手当は遅れ、業績は更に悪化し、更なる利益操作が必要になっていくという「**製造業死のスパイラル**」に会社は陥るのです。

新しいアドバイス **全部原価計算は、死のスパイラルに繋がる危険な原価計算です**

全部原価計算では、固定費は逃げ回る

売上高
－売上原価　　（変動費＋固定費）→ 期末在庫
＝粗利　良く見せる　　　　↓　固定費は逃げ回る
－その他の費用　　（変動費＋固定費）- - -→ 固定資産
＝営業利益

会計操作が引き起こす死のスパイラル

業績の悪化
↓
利益操作
↓
自分自身でも事業の真実がわからなくなる
↓
更に業績が悪化する（→ 業績の悪化へ戻る）

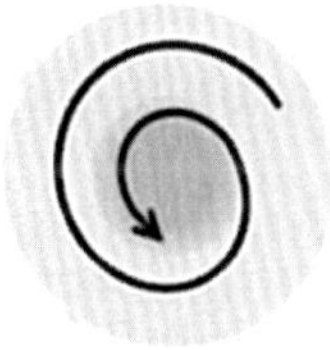

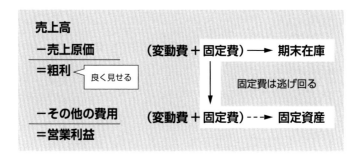

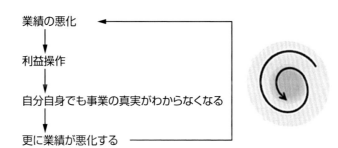

第84話

従来の計算の限界／何と100年前にできた会計！

全部原価計算は、工場の作業管理のためのものでした

◆今日、全部原価計算が様々な弊害を生じるようになったのは、それがデザインされた100年前の社会情勢と、

現在の社会情勢が、全く違うからです

景気変動はあったとはいえ、100年前の地球には広大なフロンティアが広がっており、経済の基調は力強い成長でした。史上空前の大量生産が指向される一方で技術革新はゆっくりで、作業者のスキルが重要でした。しかもホワイトカラーとブルーカラーの対立が激しかったため、工場内の作業の管理が極めて重要だったのです。そのため全部原価計算の基本構造は、工場内のブルーカラーの作業の管理に適した姿になっています。

◆ところが今日ではフロンティアは消滅し、経済活動の単純な拡大は困難です。技術のコモディティ化、自動化、ロボット化、AIなどの広がりで工場作業だけを重点管理することの重要性も薄れました。新しい勝負どころは、むしろホワイトカラー側の生産性ですが、

全部原価計算はそれに向いていません

新しいアドバイス　**全部原価計算では、ホワイトカラーの生産性は管理できません**

全部原価計算は 100 年前の会計

100 年前はホワイトカラーとブルーカラーの対立が激しかった

100 年前の状況	今日の状況
急速な成長	成熟した経済
技術的な変化がゆっくり	技術的な変化が速い
作業者のスキルが重要	作業スキルの重要性が低下
手作業	自動化、標準化、AI 化
W カラーと B カラーの対立	W カラーと B カラーの業務接近
B カラーの管理が重要	全体を一体化した管理が重要

※ W カラー：ホワイトカラー　／　※ B カラー：ブルーカラー

第85話 従来の計算の限界／直接費は変動費じゃない！

「直接原価計算」という名称を背負うゆえの重大な誤解がありました

◆全部原価計算の抱える致命的な限界の一つは変動費と固定費がしっかり分離されていないことでした。それが余剰在庫の積み上げによる利益操作や、その結果としての経営破綻を招いたのです。そこで変動費と固定費を分離した会計（直接原価計算）が提唱されました。それは今から80年以上も前、世界恐慌の頃のことです。しかしこの直接原価計算にも重大な限界がありました。

① **その名称ゆえに**、直接費＝変動費という誤解や混同を招いた
② 工場内／工場外の活動は**分断されたまま**
③ 在庫金利や資本コストが、**「営業外」になったまま**

◆**「直接費」**とは生産した製品に直接紐づく費用であり、必ずしも変動費を意味するわけではありません（例えば正社員の直接作業）。他方、**「間接費」**は生産した製品と直接紐づかない費用であり、必ずしも固定費を意味するわけではありません。結果として、直接原価計算においても変動費と固定費の分離は徹底されなかったのです。肝心の

付加価値も、直接原価計算では読み取れません

新しいアドバイス

直接費≠変動費、間接費≠固定費だということに注意しましょう

直接原価計算への期待と限界

直接原価計算で
計算した原価

売上高
－製造直接費　・・・直接費⇒変動費
－製造以外の変動費　（重大な誤解）
＝変動利益

－製造間接費　・・・工場内vs工場外
－製造以外の固定費　（活動の分断）
＝営業利益

－支払利息　・・・在庫金利も含まれる
＝経常利益　（営業外で良いのか？）

直接原価計算が扱う原価の範囲

	変動費	固定費
工場内	△	△（範囲外）
工場外	○	×（範囲外）
資本コスト	×（範囲外）	×（範囲外）

第86話 V字回復への行動／変動費と固定費を再分類する

直接費と変動費、間接費と固定費に必ずしも対応関係はありません

◆ここまでの検討の結果、以下の事実が明らかとなりました。

✔全部原価計算では、変動費と固定費が分離できていなかった

✔直接原価計算でさえ、変動費と固定費が分離できていなかった

売上原価
直接材料費→変
直接労務費→変＋固
直接経費　→変

売上原価
間接材料費→変
間接労務費→変＋固
間接経費　→変＋固

販売費および一般管理費
→変＋固

営業外費用
→変＋固

変：変動費
固：固定費

◆適切な経営管理のためには、変動費と固定費を分離した会計がどうしても必要です。そこで、従来はゴチャゴチャだった変動費と固定費の区分をやり直し、すっきり整理したのが新しい損益計算「付加価値会計」です。

新しいアドバイス　ある費用が変動費なのか固定費なのかを決めるのは、管理目標です

変動費と固定費はどこにあったか？

売上高
－事業全体のコスト　・・・在庫金利を含む全ての変動費
＝稼いだ付加価値

－ヒトへの分配
－モノへの分配
－カネへの分配
（以上3項目）・・・一体管理される全ての固定費
＝未来への繰り越し

付加価値会計が扱うコストの範囲

	変動費	固定費
工場内	○	×（範囲外）
工場外	○	×（範囲外）
資本コスト	○（在庫金利）	×（WACC）

第87話

V字回復への行動／付加価値が見える会計の試み

サプライチェーンを形にした新しい計算が正しいKPIを支えます

◆サプライチェーン全体の活動をそのまま形にし、管理目標が違う変動費と固定費をしっかり分離したのが付加価値会計です。一般的な製造業では5大変動費と3大固定費が想定されます。そのポイントは、それぞれの費用をそれぞれの管理目的に基づいて変動費と固定費に分解していることです（管理目的法）。

◆変動費の管理目標はコストダウン（なるべく使わない）であり、固定費の管理目標は生産性向上（しっかり使う）です。言い換えると、

変動費／固定費は、どう管理したいかであらかじめ決まっているはず

ということです。両者は統制方法が全く違うのです。変動費と固定費を分離すれば、「かせぐ」と「わける」をつないでいる付加価値も見えてきます。

5大変動費（コスト）	3大固定費（資源）
①材料費	
②変動労務費	固定労務費（ヒトへの分配）
③外注加工費	設備投資（モノへの分配）
④外注物流費	資本コスト（カネへの分配）
⑤在庫金利	

新しいアドバイス　**5大変動費と3大固定費は例示なので、事業の状況で変わります**

管理したいサプライチェーンの活動

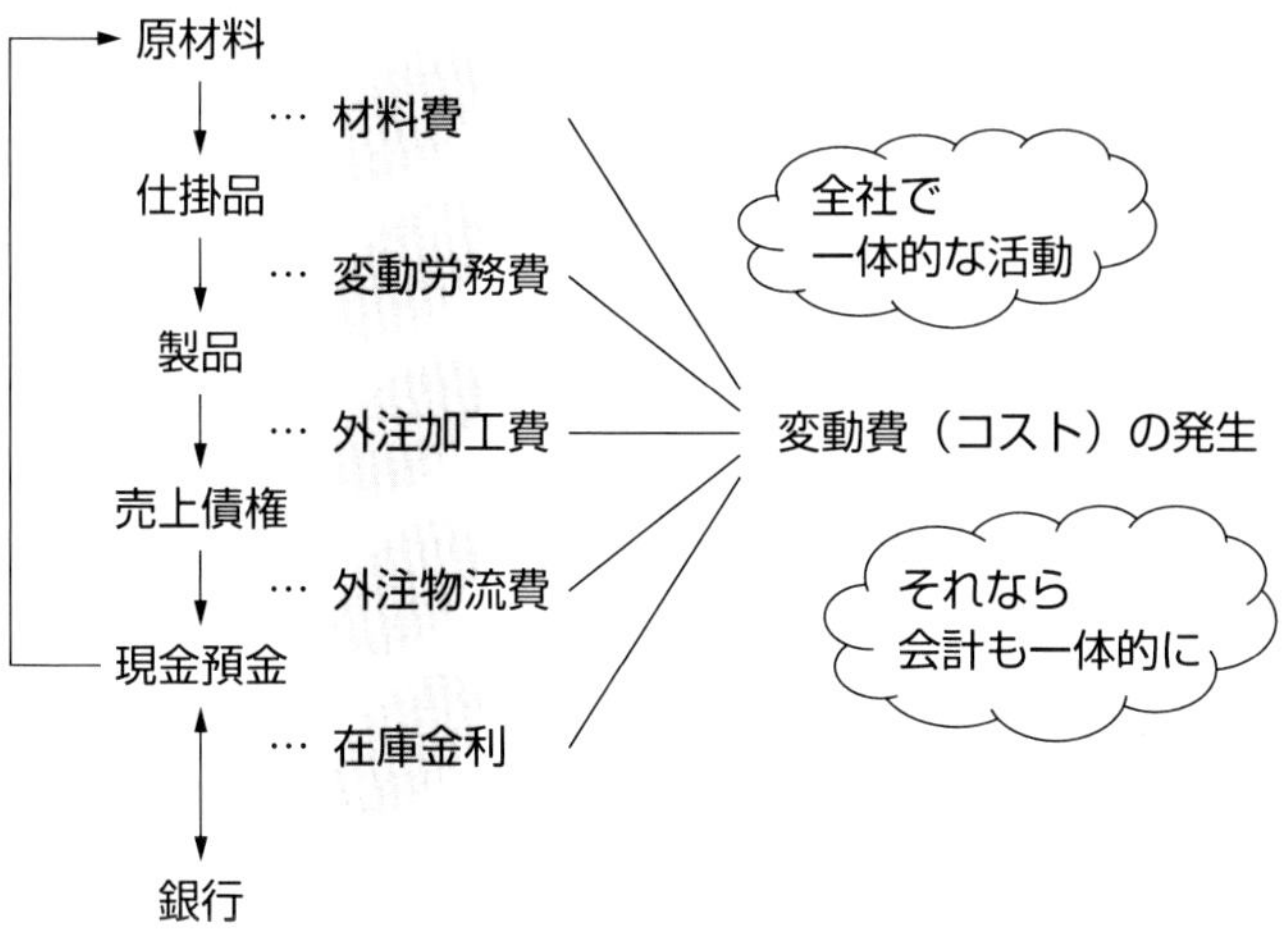

サプライチェーンをそのまま形にする

売上高	25億円	
−材料費（コスト）	10億円	変動費グループ
−変動労務費（コスト）	2億円	
−外注加工費（コスト）	3億円	
−外注物流費（コスト）	1億円	
−在庫金利（コスト）	1億円	
＝付加価値	8億円	
−固定労務費（ヒトへ）	2億円	変動費グループ
−減価償却費（モノへ）	3億円	
−資本コスト（カネへ）	1億円	
＝残余利益（未来へ）	2億円	

第88話

V字回復への行動／付加価値会計が示す8つのKPI

今まで見えずにいたことが不思議なくらい重要なものばかり！

◆付加価値／損益分岐点と安全余裕率／コストの内訳と原価差異／ホワイトカラーの生産性／そして資本コストの達成状況とキャッシュフローなど…どれも概念としては有名で重要なKPIばかりですが、驚くべきことにこれらの超大物KPIは、従来のP／Lからは

全く読み取れませんでした！

◆しかし変動費と固定費をしっかり分離した付加価値会計なら、これらを全て明らかにできます。また付加価値会計は、固定費配賦や減価償却などにおける恣意性を極力排除し、事実（変動費）のみを積み上げるシンプルな損益計算でもあります。そのメリットは以下の通りです。

- ✔ **数値操作の余地が少ない**
- ✔ **原価計算が迅速で簡単**
- ✔ **計算結果の理解が簡単**

付加価値会計は、昨今の厳しい時代を生き抜くための強力な経営ツールです。

新しいアドバイス **見えなかった課題が見えるようになれば、力強い経営が可能です**

今まで見えなかったものを見えるようにする

かせぐ

売上高	25億円	
−材料費（コスト）	10億円	±原価差異
−変動労務費（コスト）	2億円	±原価差異
−外注加工費（コスト）	3億円	±原価差異
−外注物流費（コスト）	1億円	±原価差異
−在庫金利（コスト）	1億円	±原価差異
＝付加価値	8億円	
−固定労務費（ヒトへ）	2億円	6億円
−減価償却費（モノへ）	3億円	
−資本コスト（カネへ）	1億円	
＝キャッシュフロー	2億円	

わける

損益分岐点

$$25\times\frac{6}{8}=18.75$$

安全余裕率

$$\frac{25-18.75}{25}=25\%$$

コスト内訳

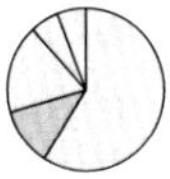

付加価値

8億円

ヒトの生産性

$$\frac{8}{2}=4倍$$

付加価値会計が明かにする8つの重要KPI

①付加価値と付加価値率
②損益分岐点と③安全余裕率
④コスト内訳と⑤原価差異
⑥ホワイトカラーの生産性
⑦資本コスト（WACC）達成状況と⑧キャッシュフロー

第89話

V字回復への行動／良く見せる≠実際に良くする

業績のV字回復を目指すなら、そのための会計ツールを使いましょう

◆財務会計は外部の関係者に見ていただくための会計です。そのため、どうしても良く見せようとして「背伸び」をしてしまう傾向があります。

もちろん良く見せることは大切ですが！

良く見せる努力と／実際に良くする努力は全く別のことなので、その点には注意をしなければなりません。背伸びをした会計だけを使っていたのでは抜本的な対策は遅れ、いつか経営は破綻してしまうでしょう。

◆そこで管理会計の登場です。管理会計は内部の関係者が経営上の課題を率直に把握するための会計です。そこには外部には見せられない赤裸々な問題や低迷する生産性、著しい原価差異などが現れてくるかもしれません。しかし、少なくとも内部では現実を現実として受け止めて手当てしなければ業績は回復しません。管理会計は企業が任意に行うプライベートな会計ではありますが、実際に業績が良くなれば、

財務会計上のＫＰＩ（見かけ）も必ず良くなるはずです

新しいアドバイス　**実際に良くする＝良く見せる、良く見せる≠実際に良くする、に注意！**

絶対に間違えてはいけないこと

業績を良く見せる努力 ≠ 実際に業績を良くする努力

実際に業績を良くする努力 ＝ 良い業績を見せる努力

誤解：変動費（事実）＋ 固定費配賦 ＝ 精密な原価

真実：変動費（事実）＋ 固定費配賦 ＝ 無意味な数字

（固定費配賦 ← 操作された数字）

2つの会計の必要性

良く見せるための会計（外部会計）

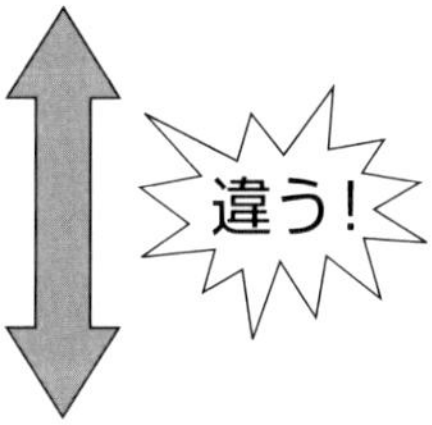

実際に良くするための会計（内部会計）

第90話

V字回復への行動／財務会計だけでは無理

目的が変われば、会計の形も変わらなければなりません

◆会計には大別して財務会計（全部原価計算）と管理会計（直接原価計算や付加価値会計）があります。財務会計は法律の決まりに則って行われる会計（制度会計）です。株取引の場面で登場する有価証券報告書は財務会計に則って作られています。いわゆる簿記で習うのも財務会計ですが、その骨格は約100年も前にデザインされたものでした。今日、そこには多くの不都合が生じていますが、法定されたものなので

勝手に進化させられません

◆それに対し、管理会計は適切な経営判断と力強い事業遂行のための会計です。おそらく100年前には制度会計＝管理会計でしたが、その後の事業環境の変化で不都合が生じたため、一部の企業が任意に進化させたのが今日の管理会計だったのです。それは内部関係者が自分で使うために作った会計、すなわち

経営上の課題を把握し、手当てするための会計

であり、自由な会計でもあります。それぞれの会計にはそれぞれの使命があり、どちらが欠けても困ります。それは会社の経営を支える大切な両輪なのです。

新しいアドバイス　正しい基礎データさえあれば、会計相互の組み換えは可能です

財務会計と管理会計の違い

財務会計	✔ 人に見せるための会計（外部会計） ✔ 基本的な構造は 100 年前にデザインされた ✔ 勝手に進化させられない
管理会計	✔ 自分で使うための会計（内部会計） ✔ 制度会計の不便を補うため作られた会計 ✔ 自由に進化させてよい

目的が変われば、会計も変わる

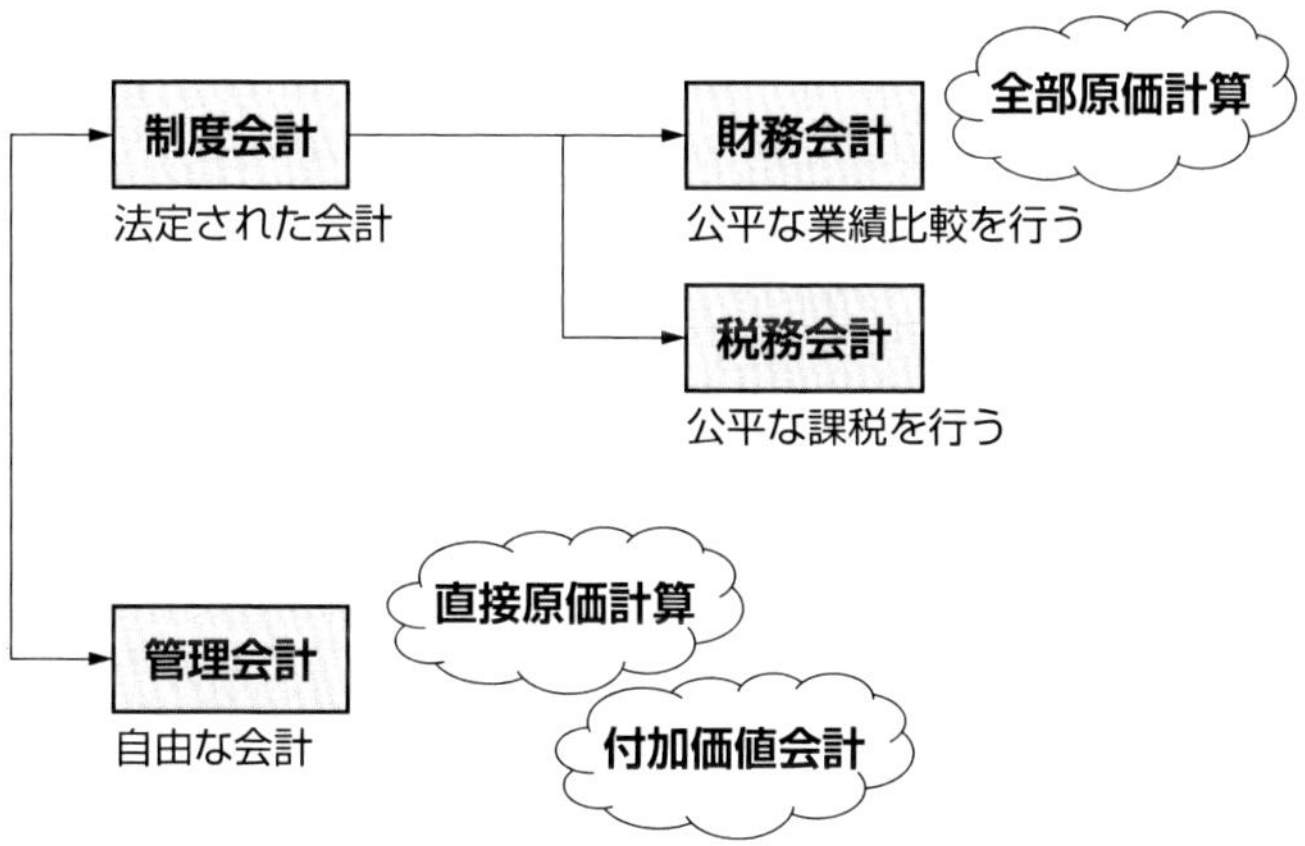

パラダイムシフトを成功させるためのヒント

「損益計算書は難しいですね」などと言うと笑われますが、今日の損益計算書は本当に難しいです。何度読んでも何も読み取れません…

実際、そこには何の情報もなかったのです！

一般に損益計算上の費用は、①売上原価／②販管費／③営業外費用に区分されますが、その内訳は示されません。売上原価という名称ゆえに、それが変動費だと誤解されることもありますが、売上原価も販管費も変動費と固定費の混合物であり、しかもこの区分は恣意的です。その上、在庫金利や資本コストは営業外費用とされていますが、本当に「営業外」でよいのでしょうか？　結局のところ、従来の損益計算では変動費も固定費も、変動費の内訳も原価差異も、付加価値も生産性も、損益分岐点も読み取れないのです！

ここで、変動費と固定費をしっかり分離しているはずの直接原価計算の活躍が期待されますが、この直接原価計算でさえ、直接費と変動費の混同によって変動費と固定費はきちんと分離されていませんでした。

実は、こうした古い原価計算こそ製造業の発想転換を妨げてきた元凶だったのです。どうあってもすっかり作り変えてしまわなければ、事業のパラダイムシフトは難しそうです。

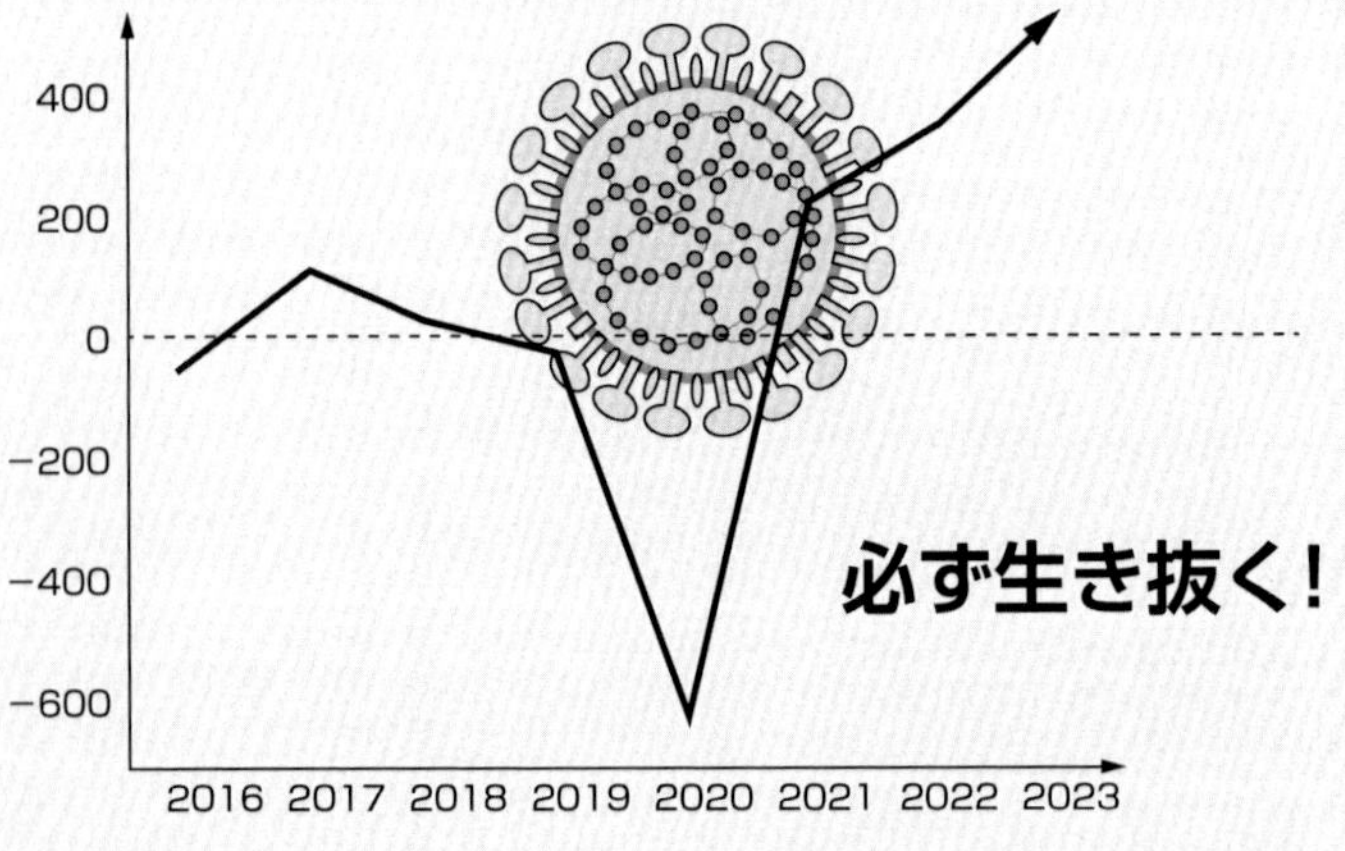

X

キャッシュフロー
―ウソをつけないと言われるKPI―

第91話 従来のKPIの限界／黒字倒産が起こる理由・その1

従来の損益計算では原価の内訳や、販管費の内訳が全く見えません

◆黒字倒産と呼ばれる事象があります。「勘定合って銭足らず…」計算上は黒字のはずなのにキャッシュが不足して起こるのが黒字倒産ですが、その背景には様々な会計操作でゆがんだ損益計算がありました。それどころか…従来の一般的な損益計算からは売上原価や販管費の内訳も読み取れないので、事業活動に問題があっても、

それに気がつくことすらできません。

◆仮に当期純利益が赤字の時、従業員を叱咤して売り上げを伸ばせばよいでしょうか？　でも変動費と固定費がゴチャゴチャでは判断がつきません。かといってコストダウンをしようにもコスト内訳がわからなければ「コストハーフ！」と叫ばざるを得ませんが、大雑把な目標では何も指示しないのと同じです。遂にリストラする時も、生産性が見えなければ、闇雲に人材を切り捨てて事業を決定的にダメにするかもしれません。

ここはP／Lを操作して、なんとか黒字にしておきますか？？？

新しいアドバイス　黒字倒産が起こるのは、従来の損益計算に不備やゆがみがあるからです

会社を良くするための情報が読み取れない

売上高	388,463
売上原価	240,256
売上総利益	148,207
販売費および一般管理費	144,313
営業利益	3,894
営業外収益	
受取利息	443
受取配当金	1,631
為替差益	999
持ち分法による投資利益	73
受取賠償金	45
雑収入	963
営業外収益合計	4,157
営業外費用	
支払利息	2,101
雑損失	2,269
営業外費用合計	4,371
経常利益	3,680
特別利益	
固定資産売却益	108
投資有価証券売却益	16
特別利益合計	125
特別損失	
固定資産売却損	77
固定資産除却損	284
減損損失	283
投資有価証券評価損	7
事業構造改善費用	3,401
特別損失合計	4,053
税金等調整前当期純利益	▲252

ここで何が起こっている？
成長への課題は何か？
事業活動は順調なのか？

ここが知りたい！

外部関係者への結果報告

第92話

従来のKPIの限界／黒字倒産が起こる理由・その2

費用区分が恣意的であるが故に、費用は逃げ回ります

◆様々な会計操作でゆがんでしまった損益計算ですが、こうした操作が行われてきたことには2つの背景がありました。一つ目の背景は、売上原価と販売費および一般管理費の区別の曖昧さです。売上原価は実質的に工場内の活動の費用であり、販売費および一般管理費は実質的に工場外の活動の費用ですが、近年の事業活動の高度化によって

工場内／外の活動を区別することは難しくなりました

それにも拘わらず、そこに敢えて線を引き続けてきたことが、費用の付け替えや利益操作の温床になってしまったのです。

◆従来の損益計算が歪むことの二つ目の背景は、変動費と固定費がしっかり分離されてこなかったことです。特に固定費の配賦計算は

複雑でブラックボックス化しやすく

会計操作の原因になっています。そうした損益計算で無理やり捻り出された黒字は、しばしば実体のないものです。売価は根拠を失い、事業が順調なのか否かすらわかりません。

新しいアドバイス

損益計算の機能不全の原因は、曖昧な費用区分と配賦の恣意性です

いつも費用は逃げ回る

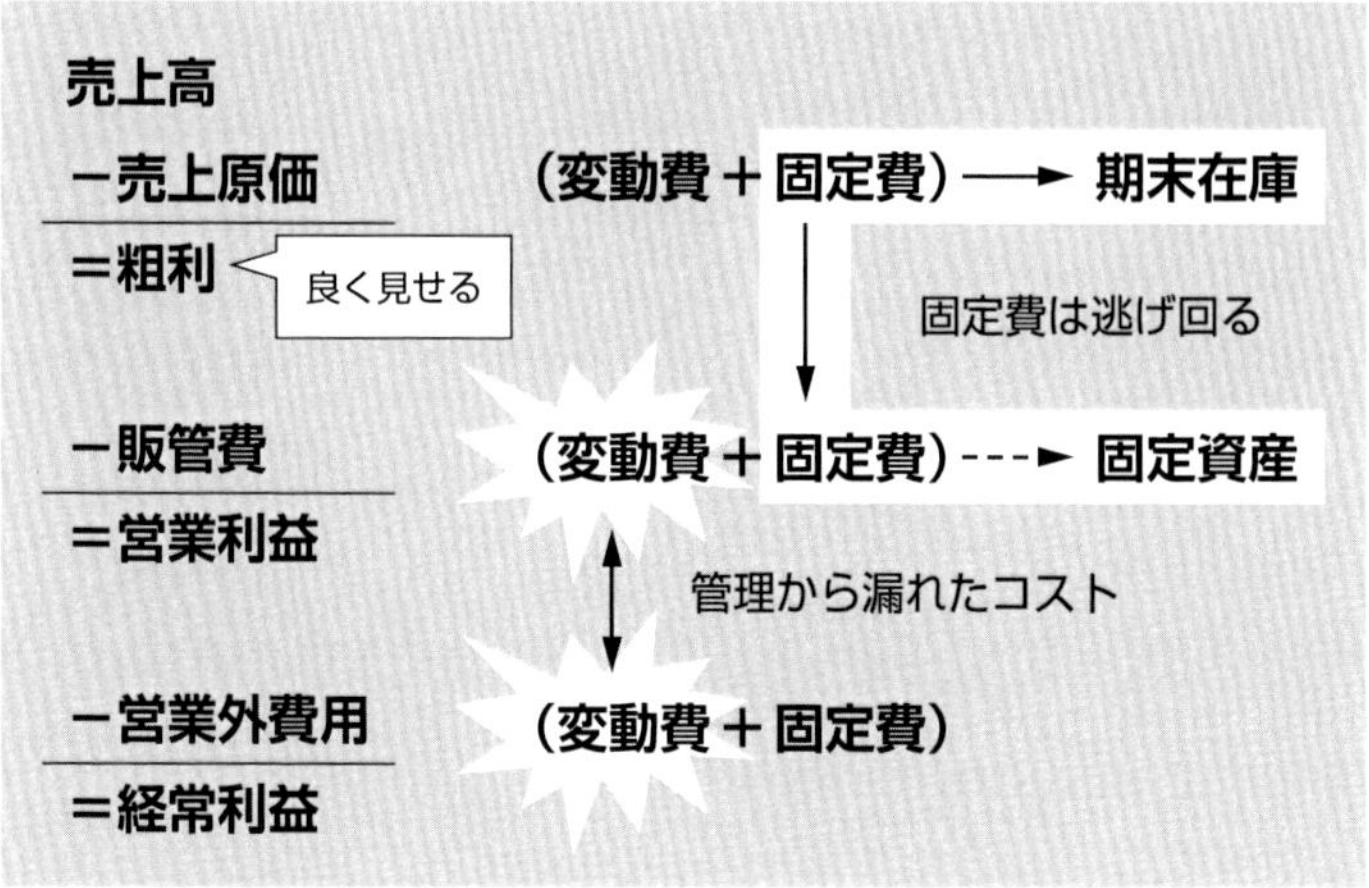
売上高
－売上原価
（変動費＋固定費）
期末在庫
＝粗利
良く見せる
固定費は逃げ回る
－販管費
（変動費＋固定費）
固定資産
＝営業利益
管理から漏れたコスト
－営業外費用
（変動費＋固定費）
＝経常利益

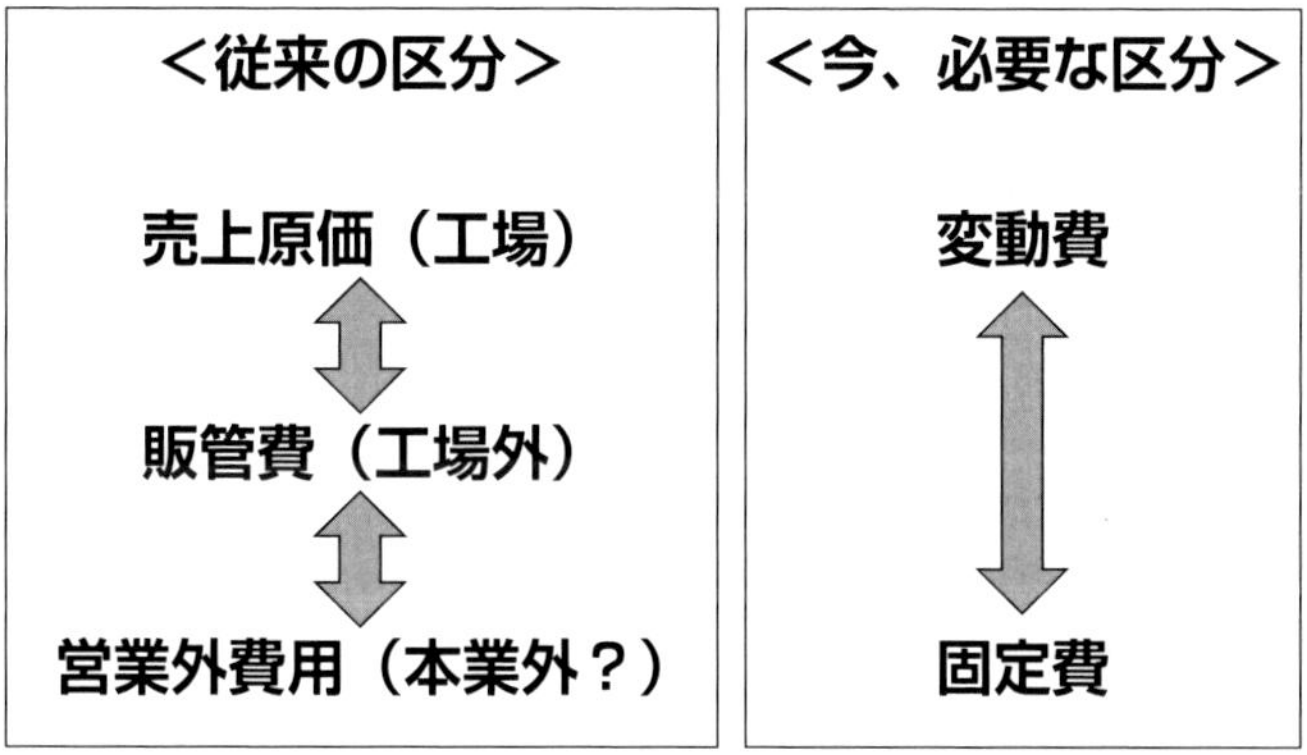
＜従来の区分＞
売上原価（工場）
販管費（工場外）
営業外費用（本業外？）
＜今、必要な区分＞
変動費
固定費

第93話

従来のKPIの限界／黒字倒産が起こる理由・その3

目に見えない取引の恐怖が「キャッシュ危険」な取引です

◆黒字倒産は、従来の損益計算が事業の現実を適切に示せていないことの表れですが、とりわけお金の出入りがあって損益計算に表れない

「見えない取引」に注意しなければなりません

見えない取引には、①キャッシュ危険な取引、②キャッシュ安全な取引があります。このうちキャッシュ危険な取引には2パターンがあります。

パターンA：キャッシュアウトがあるのに費用が計上されない

パターンB：キャッシュインがないのに収益だけが計上される

パターンAの例は余剰在庫の積み上げ、固定費配賦、不適切な減価償却による費用の繰り延べ、パターンBの例は売上債権の放置などです。

◆多額の売上債権を放置したり、固定費を配賦した在庫を積み上げたりすると、損益上は黒字のはずなのにキャッシュが不足し、突然の倒産に追い込まれる「黒字倒産」が起きます。損益計算書（P／L）が本来何を示すべきものだったのかを、改めて考えてみる必要がありそうです。

新しいアドバイス 計算で利益を捻り出しても、実態が伴わなければ経営危機に陥ります

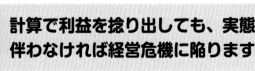

キャッシュ危険な取り引きとは？

合法的な会計操作の極意

✔ **固定費が配賦された在庫の積み上げによる黒字化**

・・・キャッシュアウトあり、費用計上なし ⇒ パターンA

✔ **減価償却による費用化の先送りによる黒字化**

・・・キャッシュアウトあり、費用計上なし ⇒ パターンA

✔ **売上債権の放置による流動比率の改善**

・・・キャッシュインなし、収益計上あり ⇒ パターンB

✔ **期末日だけの在庫削減による在庫回転数の改善**

・・・期中にキャッシュ危険となる ⇒ パターンA

✔ **売上原価の販管費への付け替えによる粗利捻出**

・・・キャッシュ危険ではないが、よくある会計操作の極意

	キャッシュインなし	キャッシュアウトあり
費用計上なし		パターンA
収益計上あり	パターンB	

第94話

従来のKPIの限界／間接法って、難しくないですか？

間接法のキャッシュフローは、わからないものを更にわからなくしました

◆様々な見えない取引で従来の損益計算があてにならなくなったため、キャッシュフロー計算書（C／F）が注目されています。

✔ 損益計算 ⇒ 見えない取引でゆがみ、ウソがある
✔ キャッシュフロー ⇒ お金の動きは「事実」なので、ウソがない

ところが残念なことに、従来からの財務諸表（①貸借対照表、②損益計算書、③連結貸借対照表、④連結損益計算書）を作った上にさらに⑤キャッシュフロー計算書を作るのは経理業務の負担が大きいという理由から、損益計算書を修正する形での簡易的な作成が認められることになりました。これが間接法によるキャッシュフロー計算書（C／F）です。

◆間接法のC／Fを見れば、P／Lのどこに修正を要する「見えない取引」があったのかを垣間見ることができる反面、様々な操作でゆがんでいるP／Lを更に修正するという形で作成されることでC／Fは難解なものとなり

一般に敬遠されがちという現実もあります

新しいアドバイス **信頼性を失ったP/Lを補完するという意味ではC/Fは大切です**

間接法によるキャッシュフロー計算書

P/Lの利益から出発

1. 営業キャッシュフロー	(百万円)
当期利益	300
法人税の支払	＊＊
役員賞与の支払	＊＊
減価償却費	＊＊
売上債権の増減	＊＊
棚卸資産の増減	＊＊
その他資産の増減	＊＊
買入債務の増減	＊＊
割引手形の増減	＊＊
その他債務の増減	＊＊
営業キャッシュフロー	+350

見えない取引の修正※（法人税の支払〜その他債務の増減）

2. 投資キャッシュフロー	
固定資産の増減	＊＊
投資キャッシュフロー	−500

3. 財務キャッシュフロー	
借入金の増減	＊＊
配当金支払	＊＊
財務キャッシュフロー	+200
キャッシュ増減（1＋2＋3）	**+50**

※マイナス修正が大きければ、黒字倒産のリスクが高い状態です

第95話 V字回復への行動／3つのお金の流れを見る

会社の状況は、3つのお金の流れとB／Sの関係に表れます

◆作成過程が複雑で敬遠されがちなキャッシュフロー計算書（C／F）ですが、その信頼性を上手に活かせば有用な情報です。C／Fを構成する3つのキャッシュフローの意味を確認しておきましょう。

A 営業活動によるキャッシュフロー

本業のサプライチェーンの回転によるお金の出入りを示します。事業の状況を示す大切な情報ですが、間接法によるわかり難さや、在庫水準の変動の影響で損益の感覚と一致しないなどの点には要注意です。

B 投資活動によるキャッシュフロー

設備投資に関わるお金の出入りを示します。ただし、ここには本業とは関係のない資金運用のための投資も混じってしまうので要注意です。

C 財務活動によるキャッシュフロー

営業外として認識される財務活動ですが、ここにはサプライチェーンの回転による在庫金利も混じるので要注意です。借入がプラスになることは、しばしば直感と衝突します。

新しいアドバイス **C/Fは有用な情報ですが、損益の感覚と乖離する使い難さもあります**

B/S を成長させるキャッシュフロー

※自己資本増・他人資本増 ⟶ 資産増

A 営業活動のキャッシュフロー　＋350

B 投資活動のキャッシュフロー　−550

C 財務活動のキャッシュフロー　＋200

B/S を成熟させるキャッシュフロー

※自己資本増 ⟶ 他人資本減

A 営業活動のキャッシュフロー　＋150

B 投資活動のキャッシュフロー　−50

C 財務活動のキャッシュフロー　−100

B/S を縮小するキャッシュフロー

※資産減 ⟶ 他人資本減

A 営業活動のキャッシュフロー　＋50

B 投資活動のキャッシュフロー　＋100

C 財務活動のキャッシュフロー　−150

第96話

V字回復への行動／「C／F」は使いづらい？

業績回復には、事業課題や対策がしっかり見える会計ツールが絶対に必要です！

◆キャッシュフロー計算書の出発点は、信頼性の低下した損益計算書（P／L）の情報を補足することでした。しかし、「事実」にこだわりすぎるあまりに経営の感覚と乖離してしまう場面も多々あります。

在庫と売上債権：たとえ健全な在庫でも、在庫を増やせばキャッシュが減り、その事業年度の営業キャッシュフローを悪化させます。逆に、過年度に取得した在庫を多額に売り上げたり、売上債権を多額に回収したりすれば、営業キャッシュフローは過剰に良く見えてしまいます。

間接法の問題：そもそも様々な操作でゆがんだ損益計算書（P／L）をさらに修正して作製していることが、間接法によるキャッシュフロー計算書（C／F）の使い勝手を一段と悪くしています。

経営課題が見えない：結果的にP／LもC／Fも、事業活動の核心部分（付加価値が生み出される過程）に光を当てていないため、そこに存在する経営課題が見えず、厳しい環境を生き抜く羅針盤になりません。

新しいアドバイス

本当に必要だったのは、価値の流れを示すツールではありませんか？

C/F の信頼性と P/L の使い勝手を融合させる

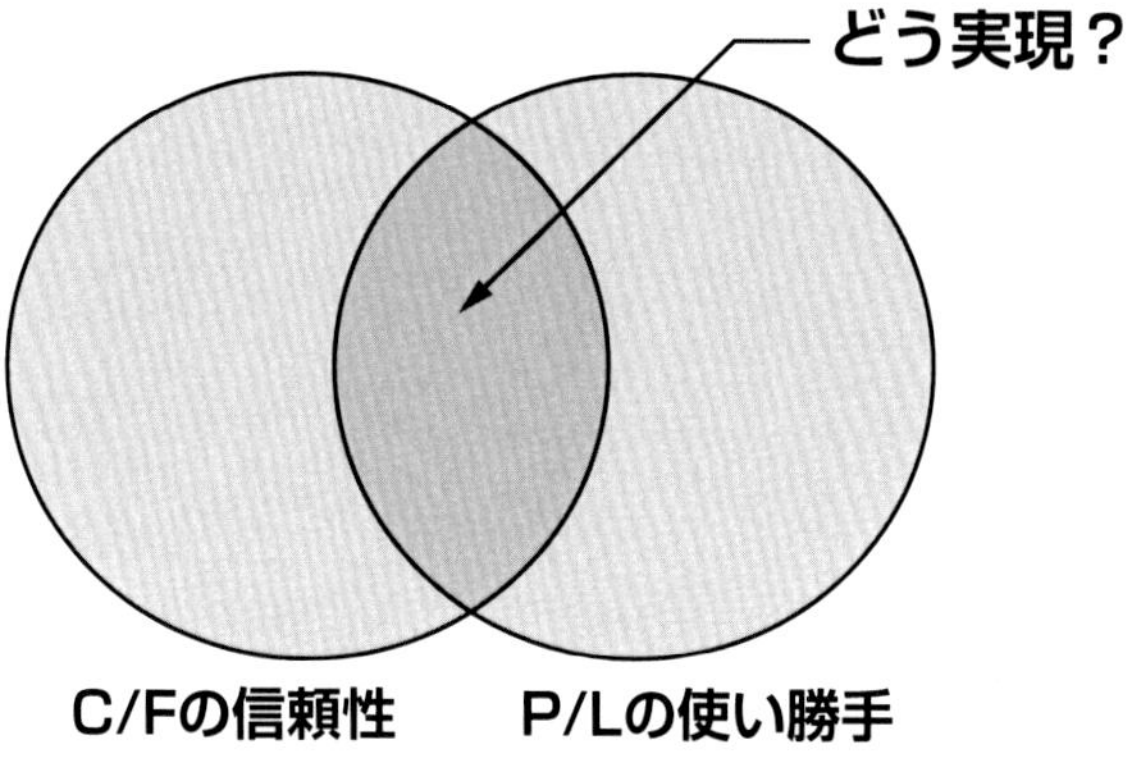

	C/F	P/L
信頼性	○会計操作の余地小さい	×会計操作の余地大きい
使い勝手	×経営感覚と乖離	○経営感覚と整合
	×本業と財テクが混在	△本業と財務活動が分離
有用性	×理解し難い（間接法）	○理解しやすい
	×経営課題が見えない	×経営課題が見えない

	必要なツール
信頼性	○会計操作の余地小さい
使い勝手	○経営感覚と整合
	○資本コストの達成明示
有用性	○理解しやすい
	○経営課題が見える

第97話

V字回復への行動／損益計算の信頼性を回復する

キャッシュフローと付加価値のフローは、実はかなり似ています

◆ところで、従来の損益計算（P／L）がキャッシュフロー（C／F）から大きく乖離して信頼性を損なっていた原因は「見えない取引」でした。見えない取引を解消することで、損益計算（P／L）の信頼性は回復できます。

1. 減価償却の恣意性を排除するために、**即時償却**を励行する
2. 費用の先送りをしないために、在庫に**固定費を配賦しない**
3. 配賦しないことで、**利益操作のための在庫積上**が自ずと抑制される
4. 在庫金利をコストに組み込めば、**売上債権**も適切に管理できる

◆こうしてできあがった新しい損益計算から付加価値が計算されます。そこから固定労務費を引けばほぼ営業キャッシュフローとなります。更に固定資産への即時償却を励行すると減価償却費が投資キャッシュフローに近づきます。するとフリーキャッシュと呼ばれるものに近い数値も表れてくるのです。結果的に付加価値会計は

キャッシュフロー（C／F）に接近しています

（補足）最終にまとめて資本コストを引くのは、その達成／未達成を確認するためです。

新しいアドバイス

変動費と固定費の分離を徹底すると、P/L と C/F は接近していきます

使い勝手と信頼性を両立させた新しい損益計算

新しいP/L			C/F
売上高		25億円	1. 営業キャッシュフロー
ー材料費	（コスト）	10億円	
ー変動労務費	（コスト）	2億円	
ー外注加工費	（コスト）	3億円	
ー外注物流費	（コスト）	1億円	
ー在庫金利	（コスト）	1億円	
＝付加価値		8億円	
ー固定労務費	（ヒトへ）	2億円	
ー即時償却	（モノへ）	3億円	2. 投資キャッシュフロー
ー資本コスト	（カネへ）	1億円	フリーキャッシュ
＝残余利益	（ミライへ）	2億円	

フリーキャッシュの計算

「かせぐ」から求める	8億円－2億円－3億円＝3億円
「わける」から求める	2億円＋1億円＝3億円

第98話

V字回復への行動／付加価値会計でバリューフローを読む

C／Fの信頼性と、P／Lの使い勝手の良さを融合すると、V／Fになります

◆見えない取引を解消しても、新しい損益計算（付加価値会計）とキャッシュフロー（C／F）が乖離する場面は残ります。

1. **売上債権や買入債務、在庫の残高**に異常な変化があった場合
2. **土地など**の非償却性の固定資産を取得した場合

などですが、固定費の配賦を止めれば在庫による利益操作の余地がなくなるので、在庫水準は自ずと健全化に向かうでしょう。また、大きな非償却性資産（土地や株式など）を購入した場合は、その資産の価値は失われておらず換金も可能なものですから、むしろ好都合です。

◆新しい損益計算は価値の流れ（バリューフロー）を示し、従来の

C／Fの信頼性と、P／Lの使い勝手の良さ

を両立させたバリューフローの計算書（V／F）なのです。それは価値を生み出す過程と、価値を分配する過程をしっかり描き出すことで、そこにある課題を明確化し、力強い経営判断を支えていくための会計ツールです。

新しいアドバイス

C/F は事実≒キャッシュと考えますが、V/F は事実≒変動費と考えます

付加価値会計（V/F）

※Value Flow Statement

売上高		25億円	
－材料費	（コスト）	10億円	
－変動労務費	（コスト）	2億円	
－外注加工費	（コスト）	3億円	
－外注物流費	（コスト）	1億円	
－在庫金利	（コスト）	1億円	
＝付加価値		8億円	
－固定労務費	（ヒトへ）	2億円	営業バリューフロー
－即時償却	（モノへ）	3億円	投資バリューフロー
－資本コスト	（カネへ）	1億円	
＝残余利益	（ミライへ）	2億円	財務バリューフロー
±配当支払		○億円	C/Fへの調整
－役員賞与の支払		○億円	C/Fへの調整
±売上債権の増減		○億円	C/Fへの調整
±棚卸資産の増減		○億円	C/Fへの調整
±買入債務の増減		○億円	C/Fへの調整
±非償却資産の取得		○億円	C/Fへの調整
±借入金の増減		○億円	C/Fへの調整
キャッシュフロー		○億円	

スピード経営への道

従来の全部原価計算に基づいた損益計算からバリューフロー（V／F）に移行すれば、年次予算に基づいていた原価計算やＫＰＩなどの経営管理のあり方も大きく変わるでしょう。そのポイントは**「迅速・柔軟」**です。

■従来の経営管理（全部原価計算）

全部原価計算では、固定費の配賦をする都合上、期の活動を締めてみなければ実績原価がわかりませんでした。決算を経て数値が固まった頃には、とっくに新しい期の予算が走り出してしまっています。そのため、過年度に発生した様々な事象が予算（例えば目標とすべき標準原価）に反映されるのはさらに翌年度です。結果として実質2年近い遅れが生じるのは深刻な問題です。これだけ手間と時間をかけるのは精度の高い数値を得るためだったはずですが、固定費は配賦計算の手間をかければかけるほど逃げ回り実態が見えなくなるというのが現実です。配賦計算の根拠すら不明になっている事例は少なくありません（昔、凄い人が決めた）

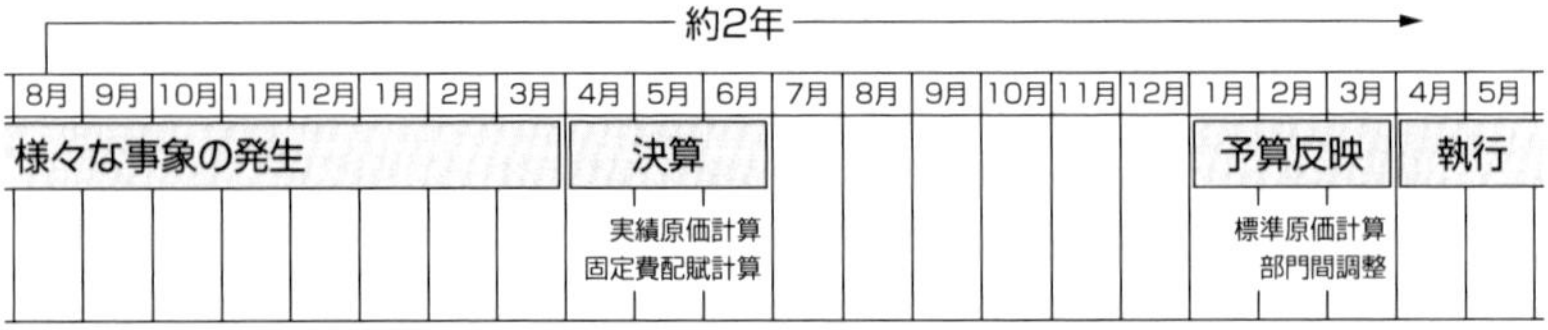

■新しい経営管理（バリューフロー）

疫病による経済活動の突然の停止、年々激しさを増す気象災害、高まる国際的な緊張関係…激変する環境に即応するためには2年も待っていられません。迅速で柔軟な管理システムが必要です。そこで、外部世界との関わりである変動費（コスト）の管理と、社内の調整である固定費の管理を明確に切り分け、迅速で柔軟な経営管理を目指しましょう。すなわち売上高や変動費は日次で管理しなければなりません。異常（原価差異）がどこで生じているかをいち早く把握してロスの垂れ流しを止めるためです。他方、固定費は価値の内部分配ですから、後でじっくり話し合えばすみます。

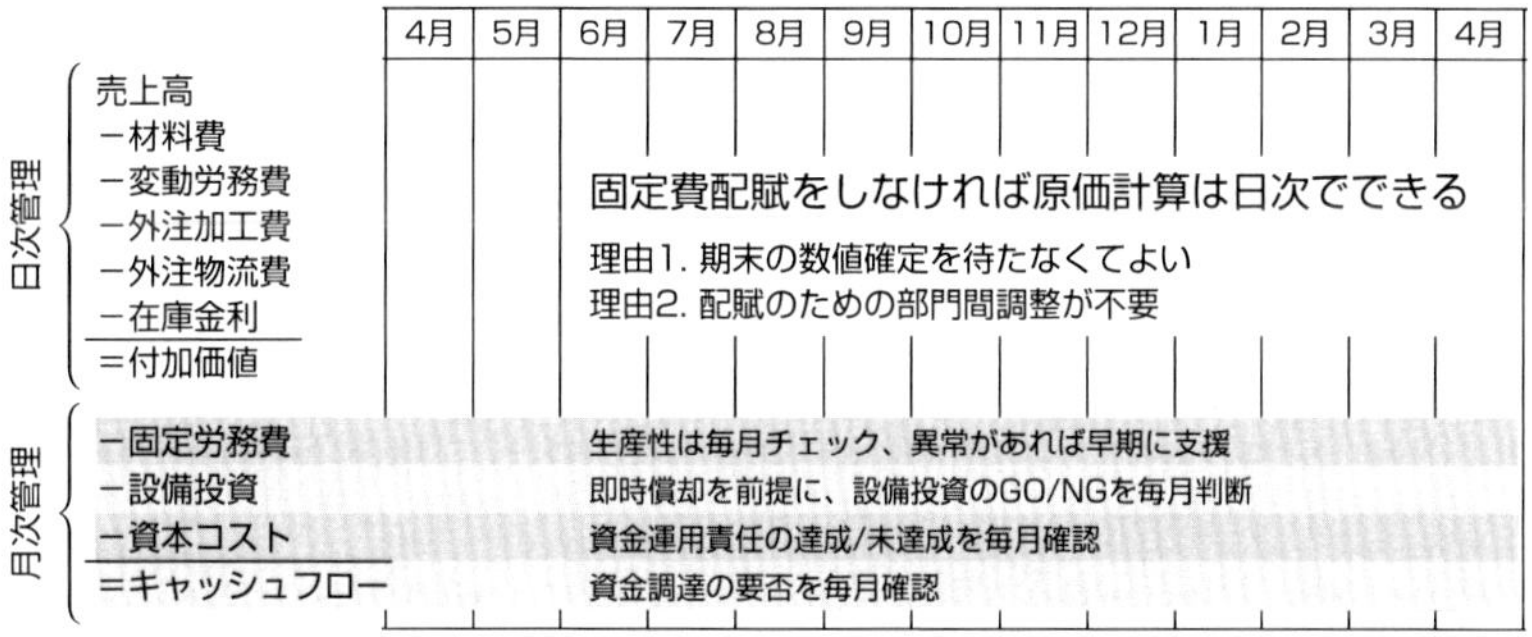

	予定	実際	価格差異	数量差異	標準	価格差異	数量差異
売上高	200円	160円	▲25円	▲15円			
－材料費	100円	84円			80円	▲4円	0円
－変動労務費	10円	9円			8円	0円	▲1円
－外注加工費	5円	4円			4円	0円	0円
－外注物流費	10円	8円			8円	0円	0円
－在庫金利	5円	4円			4円	0円	0円
＝付加価値	70円	51円				▲5円	

第99話

V字回復への行動／早く異常を見つけすぐ手当てする

価値の内部分配は月次でも、外部との関わりは毎日管理が原則です

◆新型ウィルスの脅威、異常気象、緊迫する国際情勢、迷走する経済…本当に厳しい時代になりました。そんな時代を生き抜くには、正しく有用な会計ツールを使って迅速かつ適切な経営判断をしていかなければなりません。売上高やコスト（変動費）や付加価値獲得の流れについては、異常の有無（数量差異と価格差異）がモニタリングできる仕組みを作り、

事業活動を毎日チェックしましょう

異常が発見されたらすぐに原因を調べ対策しなければなりません。そうしなければ原因はわからなくなり、ロスは垂れ流され、対策も手遅れになるからです。

◆他方、価値分配の流れ（固定費）は毎月チェックすれば足ります。固定労務費額や生産性に異常はないか、固定的な契約を継続するかしないか、予め計画された設備投資の実行に関する最終判断、資本コストの達成状況や資金調達計画への影響も確認します。適切な経営判断のためには

経営目的に合った会計ツールをデザインしましょう

新しいアドバイス **外部開示のための会計ではないので、ツールのデザインは自由です**

異常を少しでも早く見つけるための警報システム

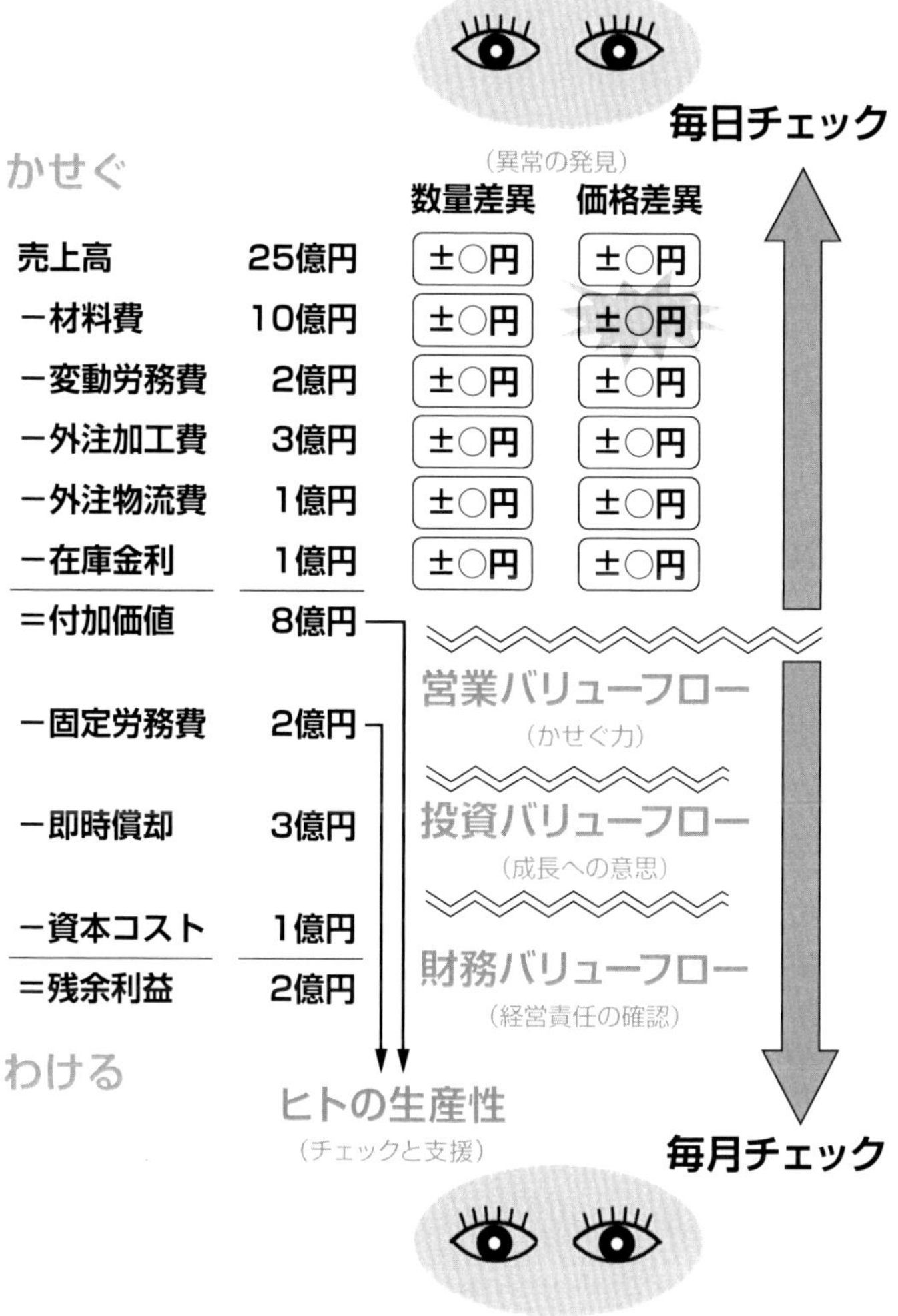

※在庫分の数量差異・価格差異については、
一時的なものなら全額をV/Fへ、恒久的なものならB/Sへ反映させます

第100話 V字回復への行動／今必要なKPIって何だろう？

正しいKPIとそれを支える会計が、日本の経営と経済を復活させます

◆キャッシュフロー計算書（C／F）が作成されるようになったのは比較的最近です。何度も繰り返された黒字倒産や会計粉飾事件がきっかけでした。様々な「工夫」で損益計算がゆがみ、計算されてくる様々なKPI（例えば利益）も使い物にならなくなっていたのです。そんな中、怖いのは自分で自分がわからなくなることです。今何が問題で、どんな手を打つべきなのかがわからなければ、経営は勘と気合に頼らざるを得ません。それはまるで

目をつぶって車を運転しているような状況

でした。それでも日本はここまでやってきました。もし正しいKPIを手にしたら私たちはどれだけ大きな力を発揮できるでしょうか？　それは手付かずの宝の山です。

◆本書に示した新しいKPIや、それを支える新しい会計（V／F）をどう使うかは各社の状況次第です。しかし100年に一度とも言われる

未曾有の危機を乗り越えるためには

大胆な革新を躊躇すべきではありません。絶対に生き残りましょう！

新しいアドバイス　**厳しい時代ですが、できることはたくさんあります！**

KPIと事業活動の乖離

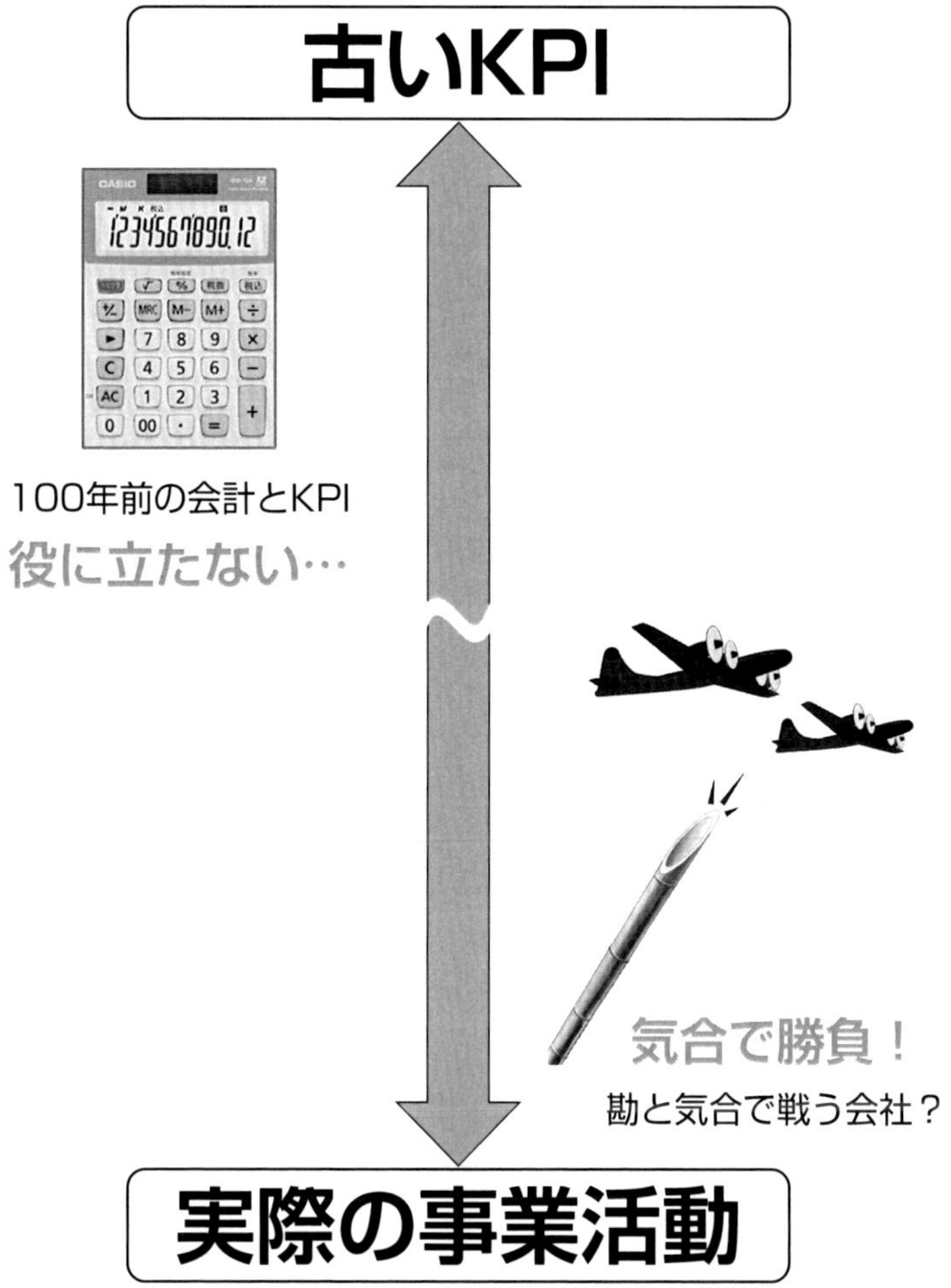

事実を知る＝事業復活の第一歩

価値はどのように稼ぎ出され、分配されているのか？　そこにはどんな経営課題があるのか？

付加価値？／損益分岐点？／コスト内訳？／原価差異？／生産性？／WACC？／キャッシュ？

付加価値会計（V/F）

Value Flow Statement

コラム

キャッシュフロー経営を成功させるためのヒント

黒字倒産という事象があります。損益計算上は黒字なのに倒産してしまうのは、そもそも損益が操作されていて「ウソ」があるからです。そこでウソの少ないキャッシュフローに注目し、それを明確化しようというのがキャッシュフロー計算書（C/F）の出発点でした。しかしながら、手間を惜しみ、操作でゆがんだ損益計算書を更に修正する形でキャッシュフロー計算書を作ることとしたため（間接法）、キャッシュフロー計算書もまた難解なものになってしまいました。ここで改めて、従来の損益計算がキャッシュフローから大きく乖離してしまっていた理由を考えてみると、変動費と固定費の混在が重要な原因だったことがわかります。実は変動費と固定費の分離を徹底し、恣意性の強かった減価償却も止めて即時償却を推奨する付加価値会計（V/F）は、

キャッシュフロー計算書にかなり接近

した姿になっているのです。獲得された付加価値から固定労務費（ヒトへの分配）と即時償却費（モノへの分配）を引いた数字は、ほぼフリーキャッシュです。新しい損益計算の形である付加価値会計（V/F）の試みは、ウソのないキャッシュフロー経営への接近でもありました。

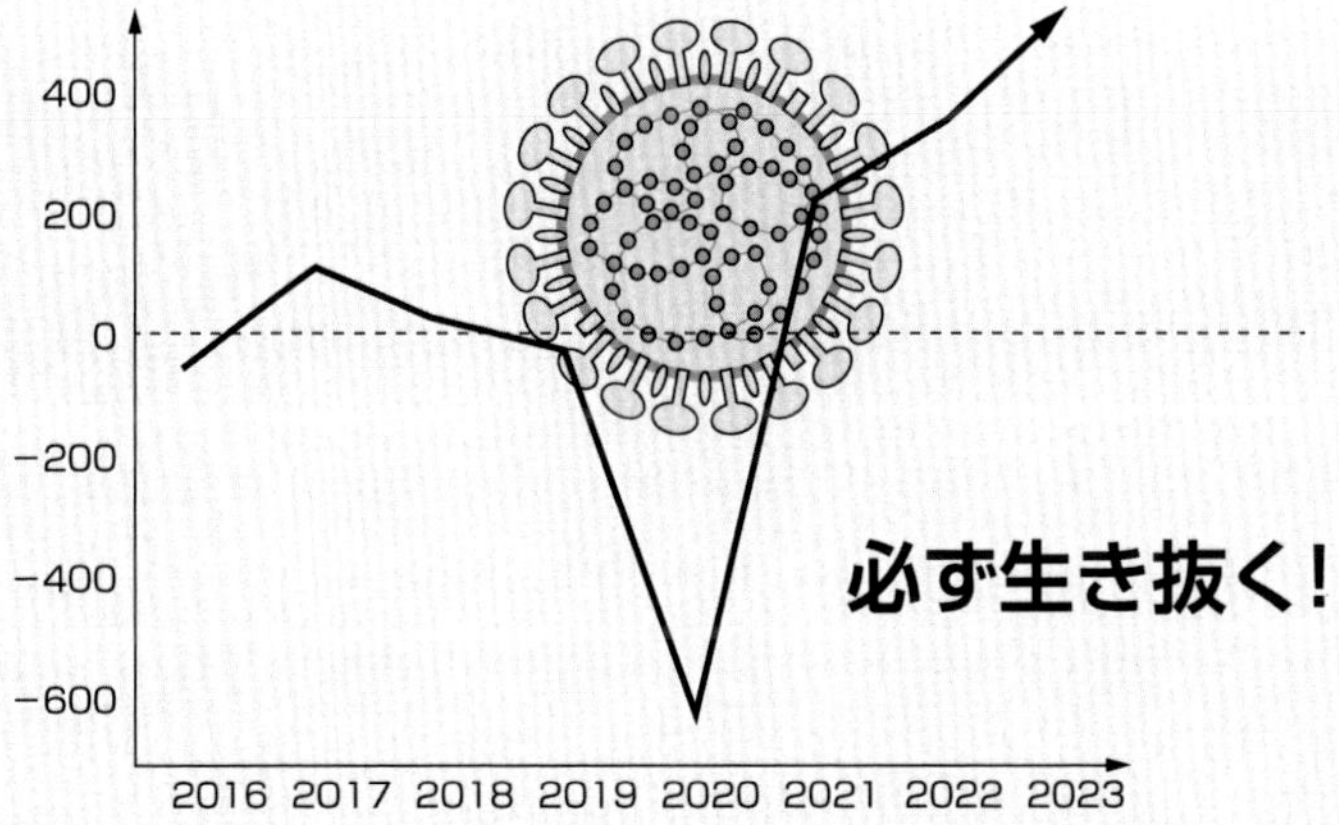

Ⅴ 在庫回転数	★棚卸日だけの在庫削減という行動が不正への慣れを生み、さらに深刻な不正の入口になっている ★棚卸日だけの在庫削減が、事業活動を著しく混乱させている ★在庫削減が、納期短縮や新たな販売戦略、柔軟な材料調達戦略などの実施、お客様志向の発想の障害になっている ★他方で、売上債権や現金預金は多額に寝かされているのに放置されているケースが多い	★電子棚卸によって在庫を毎日管理し、本当の平均在庫を把握する。不正直指数をチェックする。この指数をゼロにしなければ在庫削減は無意味 ★５つの在庫回転数のメリハリで、ゼロ在庫に決別する ★在庫金利を変動費の１つとして管理し、在庫戦略と事業戦略をしっかり連動させ、付加価値最大化を目指す ★あるべき在庫を話し合うことが、社風改善の第一歩となる ※そのために、V/F を推奨
Ⅵ 固定資産回転数	★減価償却の恣意性や、減価償却制度の混乱による数値の混乱がある ★そもそも合理的な耐用年数の見積もりは全く困難 ★償却性資産の簿価に実体がない ★オフバランス化の誘惑がある	★即時償却を励行し、恣意性を排除する。表記は取得原価と償却累計額の両方がわかる方法とする ★回転数は取得原価で計算する ★回転数は意思決定の結果であり、取り繕っても無意味 ※そのために、V/F を推奨
Ⅶ 内部収益率	★現場に殆ど普及していないため、勘に頼り、資本コストを考慮しない設備投資が行われ、失敗している ★割引計算、IRR、WACC の意味が理解されていない ★設備投資で失敗すると事後的なカイゼンでは挽回できない ★設備投資の失敗が事業活動の失敗、株価低迷、年金破綻の原因の１つになっている	★株式会社の仕組みや、株式会社が果たすべき根本的な責任について教育する（IRR で WACC を越えるということ） ★財務会計や簿記知識だけでなく、事業活動において本当に必要とされる管理会計の知識についても広く教育する ★机上の空論ではなく、実践のための会計ツールを導入する ※そのために、V/F を推奨
Ⅷ 流動比率	★従来の財務指標は、お金を多額に寝かせることを要求している。結果として株主を軽視	★自己資本の高コストを踏まえ流動比率の目標値を再考する ※上記のため、V/F を推奨
Ⅸ ROA、ROE	★減価償却の混乱で不安定となり信頼できない ★利益操作の影響で不安定となり信頼できない	★利益（株主）と付加価値（全体）の違いをしっかり区別 ★ ROA は付加価値で計算する ※上記のため、V/F を推奨
Ⅹ キャッシュフロー	★従来の P/L では経営判断に必要な信頼ある情報が得られない。業績が改善したかもわからない。かといって C/F も使い勝手が悪く、経営判断に活かしにくい場面が多い	★ P/L の使い勝手の良さと、C/F の信頼性を両立させた会計ツールが必要。その一法は P/L から見積や配賦をなるべく排除すること ※そのために、V/F を推奨

※ V/F ⇒ 付加価値会計 Added Value Flow Statement

本書のエッセンス…詳細は本文を参照ください

KPI	生じている問題	事業復活のヒント
Ⅰ　利益、利益率	★利益は付加価値の分配如何で操作が可能なため、必ずしも事業の実力や危機を示さない ★利益は株主の目標であり、全員の目標ではないため、従業員のモチベーションを著しく損なうことがある ★付加価値が見えないので生産性も測定できない	★利益でなく付加価値を目標にし、管理していく必要がある ★付加価値を管理すれば、早い段階から危機が見え、対策も可能となる ★付加価値は関係者全員の目標になり、モチベーションも損なわない。生産性も見える ※そのために、V/F を推奨
Ⅱ　損益分岐点	★全部原価計算では変動費と固定費が混在し、損益分岐点がわからない。新しい勝負所も見えない ★直接原価計算にも混在がある ★売上原価＝変動費、販管費＝固定費という誤解が、経営判断上の致命的な誤りに繋がってしまうことがある ★資本コスト全体（WACC）の達成が目指されていないことによる経営目標設定の誤りがある	★変動費と固定費の分離を徹底する。これにより正しい業績予想、事業課題の把握、ひいては正しい経営判断が可能になる ★資本コスト全体（WACC）が達成できる目標設定をする ★ WACC の達成状況を可視化する。もし達成の見込みが立たない場合、手遅れになる前に勇気あるビジネスモデルの変更を検討しなればならない ※そのために、V/F を推奨
Ⅲ　原価差異	★コスト内訳や原価差異が示されないため、実現不可能な原価目標が設定・指示され、結果的にコストダウンに失敗している。報告不正も多発 ★原価差異が毎日分析されないため、異常の発見が遅れロスが垂れ流しになっている ★工場外のコストが管理から漏れている	★コストの全体と内訳を正しく把握し、原価差異の分析を毎日行う。これらの情報をコストダウンの関係者にきちんと周知することは、コストダウンを成功させる大前提 ★情報は、次の事業活動に活かす。きちんと PDCA を回し同じ失敗を繰り返さない ※そのために、V/F を推奨
Ⅳ　生産性	★標準時間の水増し、作業日誌改ざん、費用の付け替えによるカイゼン不正、会計不正が起こっている ★過度のムダ取りで創造的活動が阻害されている。「造る」への埋没で「創る」が疎かになっている ★ホワイトカラーの生産性が測定されず、管理されていない ★人をコスト扱いすることで、イノベーションを担う人材の育成に失敗している	★付加価値生産性を管理する ★工場内／外を一体的に管理し、スケープゴート的存在をなくすことが会社全体の生産性向上に繋がる ★生産性のモニタリングを前提に一定の資源を任せることで人材が育つ ★生産性のモニタリングにより、適切なタイミングで必要な支援や指導評価ができる ※そのために、V/F を推奨

経営課題は見えていますか？

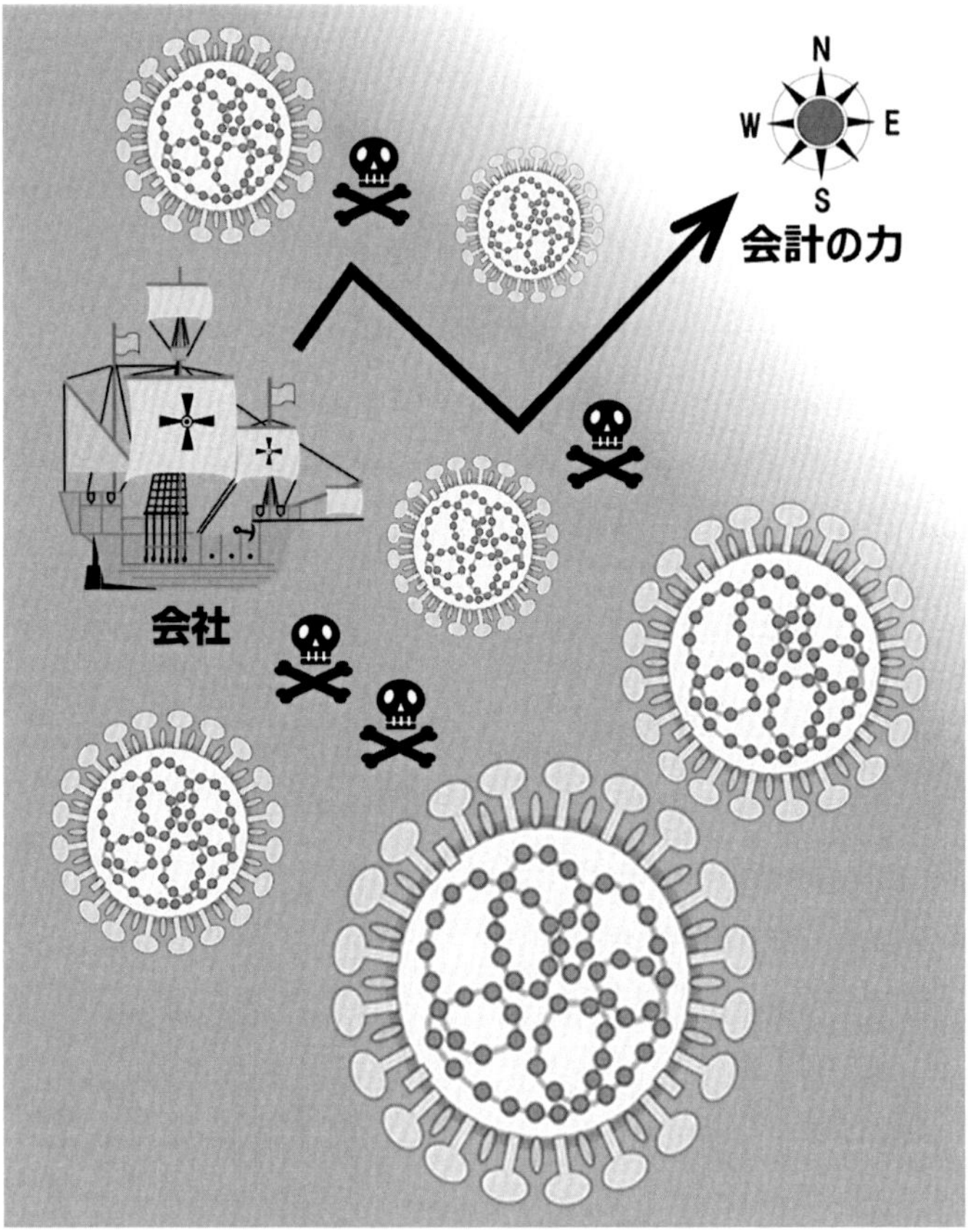

絶対に生き残る！

CFOとコントローラーの皆さんへ

かつて、コストと戦う技術者だった私が、
公認会計士となって会計監査を担うようになった時、
財務KPIをよく見せるためだけの様々な会計操作に遭遇しました。そして驚いたことを覚えています。
「不正じゃあない。でもこれで会社は生き残れるのだろうか？」

コロナ、異常な気象災害、国際経済の混乱などなど…
もはや従来の常識は全く通用しなくなっています。
適切に行動を変えられた会社と変えられなかった会社では
今後の運命が大きくわかれることでしょう。

もちろん、良く見せる努力だって大切なことですが（！）
それだけでは会社は滅びます。
「良く見せる努力」≠「実際に良くする努力」
「実際に良くする努力」＝「良く見せる努力」
だからです。今、KPIに求められているのはどちらでしょうか？

本書で提案したのは、「実際に良くする努力」のヒントです。

悪い数値（KPI）を外部には開示できないとしても、
社内では赤裸々な事業の現実を把握しなければなりません。
その上で、勇気ある判断を１つ１つ積み重ねていくことこそ
厳しい危機を生き残る道であると私は確信します。

V字回復に必ず必要なもの

今、世界経済は未曾有の危機を迎えています。この危機が収まっても、社会がすっかり元の姿に戻ることはないでしょう。会社の事業活動は抜本的な変革を迫られ、勝ち組と負け組がはっきりわかれようとしています。一時的な危機と構造的な危機、危機をチャンスに変えた会社と変えられなかった会社… ここで勝ち組になって生き残るには、トライ&エラーを繰り返しながらも迅速で柔軟な意思決定を積み重ねていかなければなりません。その時、必ず必要になるのが正しいKPIです。KPIこそ荒れ狂う嵐の海で会社を導く光であり、羅針盤だからです。

もちろんKPIそのものが魔法のように会社を救ってくれるわけではありません。しかし正しいKPIがなければ

- ✔ どこに手当てすべき課題があるか？
- ✔ 会社は何を目指して頑張るべきか？
- ✔ 今日は正しい活動ができたのか？　明日はどうするべきなのか？

が全くわかりません。そんな大切なKPIでありながら、いつしか本来の意味を見失い、「KPIを良く見せるテクニック」と「会社を本当に良くする手段」が混同されていたように思います。それは、肝心な情報が読み取れないP／Lや利益操作の余地の大きい全部原価計算、棚卸日だけの在庫削減、その一方で多額に寝かされてきた当座資産、自己資本がタダという思い込みを抱える損益分岐点、「向上せよ！」と言われ続けながら計算方法すら曖昧だった生産性、あり得ない未来予想を強いられる減価償却、その影響を受ける自己資本比率やROA・ROEの不安定さなど枚挙に暇がありません。人に見せるためだけの膨大な努力が多くの会社を勘と気合の竹槍経営に追い込み、経済を弱体化したのです。今こそ、この膨大な努力を本当の業績回復に振り向けなければなりません。

苦しみつつも、今なおGDP世界三位の日本です。本当に本気になれば日本はもっと戦えます。事業の何が問題で、何に手当てすべきなのかを明らかにすることが、従業員に協力を求め、知恵を出し合い、V字回復を目指していくための最初の一歩であるのは明らかです。世界は大きく変わりました。100年に1度とも言われる危機に直面している今こそ、私たちは正しいKPIに向き合わなければなりません。会社に体力が残っているうちに！　1日でも早く！　近年、私たちはすっかり自信を失い世界の負け犬になっていました。しかし今まで手付かずになってきたことの膨大さに鑑みれば、今からでもやるべきこと、やれることはたくさんあると思います。

新しいKPIで全社一丸となり業績回復に本当に本気で取り組むなら、**私たちはきっと生き残れます！**　正念場はこれからです。絶対に事業をV字回復させましょう。私は日本と、日本の会計と、日本のモノづくりの底力を信じます。

令和2年7月31日　吉川武文

〈著者紹介〉

☆吉川武文　生産技術者～公認会計士～グローバル企業工場長

東京工業大学・工学部修士卒。複数の大手メーカーでカイゼンやコストダウン、子会社再建、品質向上、自動化の推進、製品開発などに従事。品質安定化による社長表彰、新しい発想での生産革新や生産性向上による工場復活でプレジデント表彰を受けるなど、30年におよぶモノづくりの豊富な実地経験と成果を有する異色の公認会計士。出願特許多数。

製造業の最前線で、従来のモノづくりや設備投資やプロジェクト管理の在り方などに強く疑問を感じ40歳で会計士を志す。生産技術部門の管理者としての業務の傍ら原価計算を深く研究し独学で会計士試験に合格。監査法人トーマツのマネージャーなどを経て財務監査、IT監査、省エネ審査、CO_2排出権の審査にも従事。「数字を作る立場」「数字を実際に使う立場」の両面から会計と経営を考えることのできる風変わりな会計士（付加価値の会計士！）であると共に、地球環境を憂える気象予報士でもある。会計士登録後はスウェーデンの大手グローバル企業の日本工場長として実地に工場経営に携わり、付加価値会計の考え方に基づく経営革新を実践。王子経営研究会のメンバーと共に本気で業績回復を目指す新たな国内のフィールドと同志を募っている。（t.yoshikawa@ms01.jicpa.or.jp）

モノづくりと会計と人を愛し、製造業の新たな成長の可能性を確信する。日本中の現場で「技術者だったのになぜ会計士？」と問われる度に、「コストの知識なくしてコストダウンはできません。製品開発も設備投資も生産革新も成功しないのです」と繰り返し説明しなければならない日本のモノづくりの現状を変えたいと願う。大切にしている言葉は「勇気と感謝」、信条は「ヒトはコストではなく資源」著書に「モノづくりを支える管理会計の強化書」「生産技術革新によるコストダウン戦略の強化書」「図解！　製造業の管理会計入門」「豪雨の時代を生き抜く！日本100年の希望」など10冊。

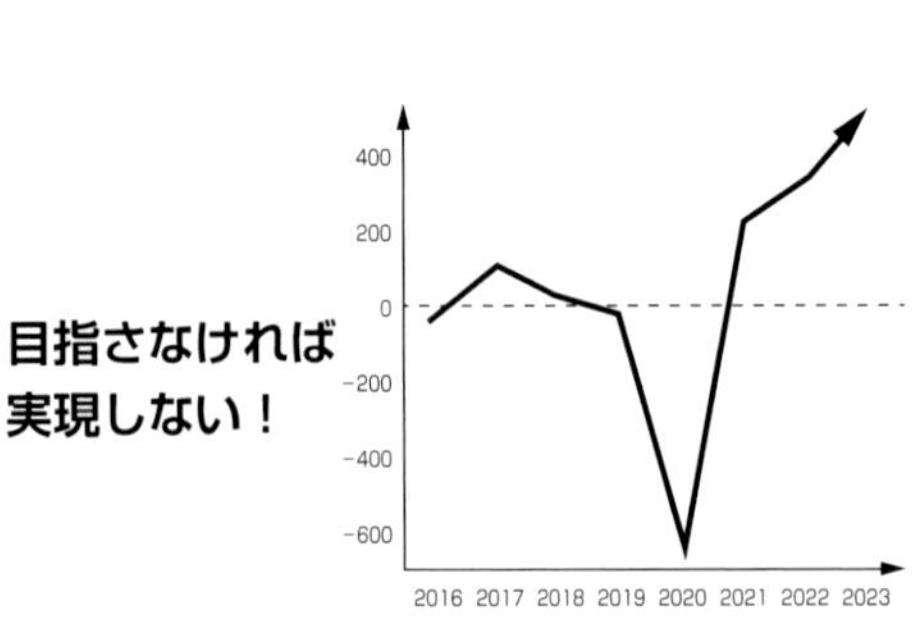

図解！　製造業の管理会計「最重要KPI」がわかる本
会社を本当に良くして事業復活するための徹底解説

NDC 336.84

2020年 9月25日　初版1刷発行
2024年12月13日　初版3刷発行
（定価はカバーに表示してあります）

© 著　者　吉川　武文
発行者　井水　治博
発行所　日刊工業新聞社
〒103-8548
東京都中央区日本橋小網町14-1
電　話　書籍編集部　03（5644）7490
販売・管理部　03（5644）7403
F A X　03（5644）7400
振替口座　00190-2-186076
U R L　https://pub.nikkan.co.jp/
e-mail　info_shuppan@nikkan.tech
印刷・製本　美研プリンティング㈱（1）

落丁・乱丁本はお取り替えいたします。　2020 Printed in Japan

ISBN 978-4-526-08085-2　C3034